KB069553

2판

BGT의 이해와 활용

정종진 저

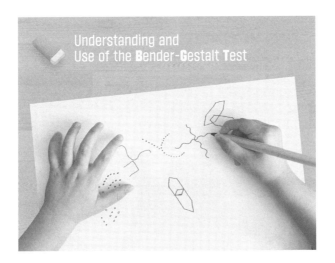

Understanding and
Use of the Bender-Gestalt Test

학지사

2판 머리말

이번 2판에서는 BGT-2를 추가하였다. 그동안 BGT 학습과 연구 및 활용에 관심이 많은 대학원생과 관련 실무 종사자로부터 BGT-2를 다루어 주면 좋겠다는 요구가 계속 제기되어 왔기 때문이다. 그래서 BGT-2에 해당하는 브래니건과 데커(Brannigan & Decker, 2003)가 개발한 Bender-Gestalt II와 레이놀즈(Reynolds, 2007)가 개발한 KOPPITZ-2를 추가하여 제3부에서 다루게 되었다.

브래니건과 데커는 2003년에 Bender Visual-Motor Gestalt Test, Second Edition(Bender-Gestalt II)을 제작하였다. 이 책에서는 BGT-II로 표기하도록 한다. BGT-II는 미국 2000년 센서스(인구조사)의 표본추출 방법과 매우 유사하게 설계되었다. 이는 미국 전역에 걸쳐 연령, 성, 인종·민족, 지역, 사회경제적 수준을 고려하여 4,000명을 유층 무선 표집하여 표준화한 것이다. 4~85⁺세 연령의 아동과 성인을 대상으로 하며 시각-운동통합기능을 측정한다. BGT-II는 교육, 심리 및 신경심리 평가의 유용성을 높이고 평가되는 피검자의 능력 범위를 늘리기 위해서 기존의 9개 도형에다 새로운 7개 도형을 추가하였다. 추가된 7개의 도형 중 난이도가 낮은 4개의 도형은 낮은 연령 범위(4~7세)에만 사용되고, 난이도가 높은 3개

의 도형은 높은 연령 범위(8~85⁺세)에만 사용된다. 또한 BGT-II는
검사의 임상적 가치를 높이기 위해서 회상단계와 두 개의 보충검사
인 운동검사와 지각검사를 포함하고 있다.

　레이놀즈는 2007년에 Koppitz Developmental Scoring System
for The Bender Gestalt Test, Second Edition(KOPPITZ-2)을 제작
하였다. 이 책에서는 Koppitz-2로 표기하기로 한다. Koppitz-2는
기존의 BGT 도형 9개에다 7개의 도형을 추가하여 개발한 브래니건
과 데커의 BGT-II 카드에 적용하기 위해 5~10세 아동들에게 가
장 인기 있고 널리 실시되었던 검사 중 하나인 코피츠(Koppitz, 1963,
1975)의 아동용 BGT(The Bender-Gestalt Test for Young Children)의
채점방식을 대폭 개정하고 확장하여 재개발한 표준화 검사이다.
Koppitz-2는 본래 BGT의 9개 도형에다 보다 난이도가 높은 도형과
난이도가 낮은 도형을 추가하여 다양한 특수·임상집단을 토대로
한 규준 자료를 제시하였고, 연령 적용범위를 85세 이상으로 확장
하였다. 또한 일반 아동뿐만 아니라 지적장애, 학습장애, 주의력결
핍 과잉행동장애, 영재 등과 같은 특수·임상집단의 점수 자료와의
비교를 통한 임상적 활용가능성을 제시하였다. Koppitz-2를 통해
시각-운동통합기능과 정서적 문제의 가능성을 평가할 수 있다. 시
각-운동통합기능의 발달 수준은 시각-운동지수(Visual-Motor Index:
VMI)를 통해 평가하고, 정서적 문제의 가능성은 정서지표(Emotional
Indicators: EIs)를 통해 평가하게 된다.

　1판에 이어서 이번 2판이 BGT의 연구와 교육적·임상적 적용의
활성화에 큰 도움이 되기를 바란다. 그리고 BGT-2를 추가한『BGT
의 이해와 활용』2판의 출간을 흔쾌히 수용해 주신 학지사 김진환

사장님과 BGT-II의 관찰기록지, 운동검사와 지각검사의 한국어판 게재를 허락해 주신 주식회사아딘스 박창현 사장님께 이 자리를 빌려 깊은 감사를 드린다.

2023년 8월

정종진

1판 머리말

시각적 자극을 제시하고 이를 모사시킴으로써 지각-운동기능을 통하여 개인의 특징적인 인성을 밝히려는 투사적 검사인 벤더-게슈탈트검사(BGT)는 검사 자체가 간편하고, 그 실시와 채점 및 해석이 다른 투사법보다 비교적 쉽다. 비언어적 검사로서 문화적 영향을 받지 않고, 심리검사의 통합적인 면을 갖고 있다는 장점이 있다. 그래서 피검자에 대한 지각-운동기능의 성숙도, 지능, 인성구조, 정서장애, 학습준비도, 학습장애, 학업성취도의 진단과 예언을 위한 교육장면에서, 조현병과 기질성 뇌증후를 비롯한 정신병리의 진단과 예후평가를 위한 임상장면에서, 내담자의 수검 불안을 완화하고 상담자와의 관계 형성을 위한 상담장면에서 어느 심리검사보다도 유용하게 적용할 수 있는 가치 있는 검사이다.

실제로 BGT는 1938년에 벤더(Bender)에 의해 고안된 이후로 임상심리학자를 비롯한 상담자와 교육자들 사이에서 인기를 얻어 널리 사용되고 있는 심리검사 도구 중 하나이고, 정신건강 전문가에게 없어서는 안 될 심리평가 도구이며, 검사 배터리의 필수 검사로 자리 잡아 왔다. BGT는 원래 신경심리검사의 일종으로 기질적 뇌손상과 시각-운동 지각능력을 측정하기 위해 개발되었으나, 주어진

도형을 피검자가 어떻게 지각하고 그리는가에 따라 그 사람의 사회
적·정서적 문제를 비롯한 인성도 추론할 수 있다. 그렇지만 이 검
사의 잠재적 용도는 국내에 잘 알려지지 않았고, BGT에 관한 책도
국내에 거의 소개되지 않았다. 이에 필자는 2003년에 『BGT 심리진
단법: 임상적·교육적 활용』이란 제목의 단행본을 출간하였다. 현
재 국내에는 이 책을 비롯하여 라이헨베르크와 라파엘(Reichenberg
& Raphael, 1992)의 책을 최성진(2015)이 번역하여 출간한 『성인과 아
동을 위한 BGT의 정신역동적 해석』두 권밖에 없는 실정이다.

   그동안 『BGT 심리진단법: 임상적·교육적 활용』은 정신건강, 교
육학, 심리학, 사회복지학 등 여러 학문 분야의 종사자에게 BGT에
대한 전반적인 이해의 지평을 열어 주었고, 실제 장면에서 채점하
고 활용하는 데 유용한 지침서 역할을 해 왔으며, 독자들에게 많은
사랑을 받아 왔다. 수검 대상과 목적 및 연구자의 관점에 따라 여러
가지 BGT 채점 방법이 개발되어 왔지만, 그중에서도 많이 알려져
사용되고 있는 것은 파스칼과 서텔(Pascal & Suttell, 1951)의 객관적
채점법, 코피츠(Koppitz, 1963, 1975)의 발달적 채점 방법과 정서지
표, 허트(Hutt, 1977, 1985)의 정신병리척도와 접근-기피척도, 랙스
(Lacks, 1984, 1999)의 뇌기능장애 감별진단법, 페르티코네(Perticone,
1998)의 질적 해석법이다.

   필자는 교육심리학 및 상담 전공자로서 BGT를 사용하면서 여러
채점 방법 중에서도 비교적 최근에 개발된 페르티코네의 질적 해석
법을 선호하게 되었다. 이 질적 해석법이 교육장면과 상담 및 임상
장면에서 내담자의 무의식과 내적 세계에 대한 이해와 문제 진단 및
교육적 처치와 심리치료를 위한 역동적 해석에 통찰을 제공해 주고

BGT의 투사적 특성을 잘 드러내기 때문이다. 그래서 이번에 『BGT 심리진단법: 임상적 · 교육적 활용』에 소개된 페르티코네의 질적 해석법을 중심으로 간편하면서도 가독성을 높여 새 책을 출간하게 되었다. 수량적 접근이 아닌 질적 접근에 초점을 두고 BGT를 해석하고 활용하기 위해서는 페르티코네의 질적 해석법에 토대를 두면서 코피츠의 정서지표, 각 도형에 대한 해석의 근거와 임상 특징을 다루고 있는 허트의 정신병리척도 그리고 라이헨베르크와 라파엘의 해석 체계법을 참고하는 것이 임상적 · 투사적 해석에 풍부한 통찰을 제공해 줄 것이다.

이 책이 BGT 학습에 목말라하는 학부생 및 대학원생들에게 그리고 내담자를 진단하고 치료하면서 그들과 여정을 함께하고 있는 상담자와 임상가들에게 많은 도움이 되기를 바란다.

2021년 8월
정종진

차례

◯ 2판 머리말 _ 3
◯ 1판 머리말 _ 7

● 제1부 • BGT는 어떤 검사인가

제1장 **BGT의 이론적 근거 / 17**

1. 투사적 검사로서의 BGT _ 17

2. BGT의 창안자: 로레타 벤더 _ 21

3. BGT의 기본 가정 _ 23

4. BGT의 도형 _ 28

제2장 **BGT의 실시 방법 / 33**

1. 표준적인 실시 방법 _ 33

2. 변형된 실시 방법 _ 38

3. 실시에서 행동관찰의 중요성 _ 39

제3장 BGT의 채점 방법 / 45

1. 코피츠의 정서지표 _ 45

2. 허트의 정신병리척도 _ 61

3. 라이헨베르크–라파엘의 해석체계 _ 85

제2부 • BGT에 대한 페르티코네의 질적 해석

제4장 질적 해석을 위한 실시 절차 / 99

1. BGT에 대한 페르티코네의 관점 _ 99

2. 다면적 실시 절차 _ 101

제5장 임상적 · 투사적 해석의 기초 / 109

1. 도형 배열 _ 110

2. 공간사용 _ 115

3. 이상하고 특이한 도형의 특징 _ 118

제6장 도형의 상징적 의미와 해석적 가정 / 125

1. 각 도형별 상징성과 해석 _ 125

2. 도형 모사 결과를 이용한 해석상담 사례 _ 150

제7장   **언어적 연상의 해석 / 155**

1. 자발적인 언어적 행동 _ 155

2. 자유연상과 투사적 해석 _ 157

3. 선택적 연상과 투사적 · 임상적 의미 _ 171

제8장   **사례연구 / 185**

1. 도형 모사에 대한 해석 _ 186

2. 자유연상에 대한 해석 _ 192

3. 선택적 연상에 대한 해석 _ 197

제3부 • BGT-2의 실시, 채점 및 해석

제9장   **BGT-II의 목적, 특징 및 유용성 / 203**

1. 개발 목적 _ 204

2. 새로운 특징 _ 206

3. 유용성 _ 208

제10장   **BGT-II의 실시와 채점 절차 / 211**

1. 준비물 _ 211

2. 실시 절차 _ 217

3. 채점 절차 _ 225

제11장   **BGT-II의 해석 / 229**

    1. 검사 점수의 해석 _ 229

    2. 검사 행동의 해석 _ 231

제12장   **Koppitz-2의 실시, 채점 및 해석 / 239**

    1. 개발과 용도 _ 240

    2. 실시와 채점 _ 244

    3. 해석 _ 256

○ 참고문헌 _ 259

○ 찾아보기 _ 265

제1부

BGT는 어떤 검사인가

* **제1장** BGT의 이론적 근거
* **제2장** BGT의 실시 방법
* **제3장** BGT의 채점 방법

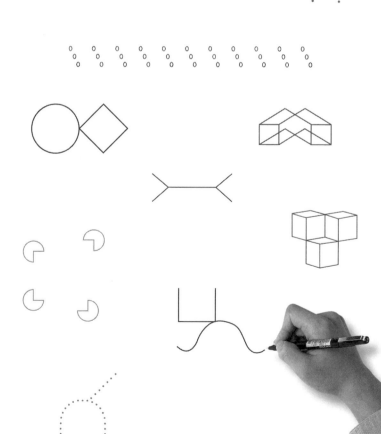

제1장
BGT의 이론적 근거

1. 투사적 검사로서의 BGT

인간의 여러 심리적 특성을 이해하고 평가하기 위한 방법 중 하나가 심리검사이다. 심리검사는 개인의 적응기능과 역할수행능력, 사고와 인지기능, 주관적인 고통과 불편한 느낌, 성격구조, 대인관계, 취약성과 자원 등에 관해 가장 객관적이고 포괄적인 정보를 제공한다(김재환 외, 2014). 따라서 심리검사를 시행하는 목적은, 일차적으로는 문제해결을 위해 개인에 관한 다양한 정보를 제공해 주기 위함이다. 이러한 정보를 바탕으로 피검자의 증상과 문제를 구체화하고, 임상적 진단을 명료화·세분화하고, 자아기능을 평가하며, 처치 전략을 수립하고 평가하게 된다.

  교육장면과 임상장면에서 사용되는 심리검사는 크게 객관적 검사(objective test)와 투사적 검사(projective test)로 구분할 수 있다. 객관적 검사는 대체로 '예' '아니요' '잘 모르겠다(또는 어느 쪽도 아니다)'라고 답하게 되어 있는 질문지 형태의 지필검사이며, 구조화된 자기보고식 검사이다. 이런 유형의 검사는 피검자가 자신의 내적 경험과 상태를 있는 그대로 정확하게 지각·평가하고 보고하는 능력과 의도를 갖추고 있어야 검사 자료의 정확한 해석이 가능하다. 자신의 상태를 은폐하거나 과장하여 허위반응(faking)이나 사회적으로 바람직한 방향으로 응답하려는 반응경향성(response-set)을 보일 경우에는 객관적 검사를 통해 개인을 이해하는 데 상당한 어려움이 있을 수 있다.

  투사적 검사는 모호한 검사자극에 대한 개인의 반응을 분석하여 사고의 과정과 내용, 정서와 성격상의 다양한 특징, 자신과 환경에 대한 태도, 주요한 갈등과 방어, 심리적인 부적응, 정신병리 등을 측정하는 검사이다. 투사(projection)는 지그문트 프로이트(Sigmund Freud)의 정신역동이론에서 제시한 방어기제(defense mechanism)의 일종으로, 개인 내부에 있는 무의식적 충동, 감정, 욕구, 갈등, 생각 및 태도를 자기 자신이 아닌 외부의 어떤 대상에게 전가함으로써 자기 자신의 긴장을 해소하게 된다는 것이다. 모호한 자극에 반응하는 과정에서 개인마다 독특한 반응 양식과 내용이 드러나게 되는데, 이러한 각 개인의 독특한 반응들은 자극 자체의 특징보다는 응답자의 고유한 내적 정신활동과 내용이 투사된다고 보는 것이 투사적 검사의 기본 가정이다. 이런 유형의 검사가 갖고 있는 가장 중요한 특징은 피검자가 인식하지 못하고 있는 것이다. 즉, 개인의 의식 영역 바깥에 있는 정신 현상을 측정하고, 피검자가 자신의 내적 경험과 상태를 은폐하거나 과장하기가 어려워 응답의 허위반응이 적고, 반응의 자유도가 넓어 개인의 독특한 문제가 제한 없이 반응될 수 있다는 장점이 있다. 그러나 대부분의 투사적 검사는 실시와 채점, 해석이 매우 복잡하여 상당한 정도의 전문성을 갖추지 않으면 사용하기 어렵다는 한계가 있다.

이처럼 객관적 검사와 투사적 검사는 각각 장단점을 갖고 있지만, 피검자의 경험 배경과 성격 및 현재의 심리적 상태를 이해하고 평가하기 위한 상담장면이나 임상장면에서는 투사적 검사의 활용이 큰 의미를 가진다. 투사적 검사는 로르샤흐 잉크반점검사(Rorschach Inkblot Test: RIT)와 단어연상검사(Word Association Test: WAT)와 같이 피검자에게 특정한 검사자극을 주고 자유롭게 연상을 하게 하는 검사, 주제통각검사(Thematic Apperception Test: TAT)와 가정놀이검사(Play Kit)와 같이 피검자에게 어떤 상황이나 자극적 상태를 제공하고 이야기를 꾸미게 한다거나 놀이를 하게 하는 창작 위주의 검사, 문장완성검사(Sentence Completion Test: SCT)와 그림좌절검사(Picture Frustration Test: PFT)와 같이 미완성된 문제장면을 제시해 주고 피검자로 하여금 자유롭게 완성시키는 검사 그리고 벤더-게슈탈트검사(Bender-Gestalt Test: BGT)와 인물화검사(Draw-A-Person Test: DAP)와 같이 피검자가 자유롭게 표현하게 하는 검사 등이 있다.

표현 위주의 투사적 검사인 벤더-게슈탈트검사(Bender-Gestalt Test; 원래 명칭은 Bender Visual Motor Gestalt Test이고 보통 BGT라 일컬음)는 심리학자와 임상가 사이에 웩슬러 지능검사, 로르샤흐 검사와 함께 가장 널리 사용되고 있는 진단도구이다(Archer et al., 1991;

Kennedy et al., 1994; Stinnett, Harvey, & Oehler-Stinnett, 1994; Wilson & Reschly, 1996). 과거 어느 때보다 임상장면과 교육장면에서의 활용이 증대되고 있고(Piotrowski, 1995; Tolor & Brannigan, 1980), 행동상의 미성숙을 검사하는 방법 중에 가장 신뢰할 만한 것으로 알려져 있다. 검사 자체가 소박하고 그 실시와 채점 및 해석이 다른 투사법보다 비교적 쉬우면서도 투사법의 기본 이론에 일치할 뿐만 아니라 그 타당성과 신뢰성이 입증되고 있다. 특히 BGT는 시각적 자극을 제시하고 이를 모사시킴으로써 지각-운동 기능을 통하여 개인의 지능평가, 신경심리적 기능장애의 감별, 인성평가를 위한 검사이기 때문에 비언어적 검사로서 문화적 영향을 덜 받는다.

이러한 특징을 지닌 BGT는 심리검사의 통합적인 면을 갖고 있어 (Keogh, 1968) 지각-운동 발달과 능력, 뇌손상과 기질적 기능장애, 조현병, 우울증, 정신신경증, 지적장애, 발달적 성숙도, 인성기능과 역동, 정서적 문제, 불안 상태, 학교학습의 준비도, 다양한 학습 문제 및 학습장애 등을 진단하는 데 유용한 것으로 간주되고 있다. 그리하여 BGT가 처음에는 기질적 뇌손상을 판별하려는 목적으로 사용되었으나 오늘날 이 검사는 뇌손상 외에도 정신증이나 지적장애, 그밖의 정서와 인성 문제를 진단하는 데에도 적용되고 있다.

BGT를 통해 피검자의 시지각-운동의 성숙도, 정서적인 상태, 갈등의 영역, 행동통제의 특성 등이 드러난다. 언어발달이 제대로 되지 못한 아동기뿐만 아니라 그 이후의 시기에서도 지각-운동적인 양식이 정서적·갈등적 경험에 의해서 영향을 받기 때문에 BGT의 모사단계나 연상단계에서 그린 도형들의 특성을 통해 피검자에게서 지금까지 감추어진 경험들의 여러 측면이 알게 모르게 표현된다. 언

어로는 방어할지도 모르는 대응적인 특성을 드러낸다는 점에서 언
어로 표현해야 하는 검사에서 발견하지 못하는 면들을 평가하는 데
도 도움이 될 수 있다.

BGT가 갖고 있는 임상적인 잠재력을 보면 피검자가 의사소통할
능력이 없거나 의사소통할 능력이 있더라도 언어로써 성격의 강점
이나 약점에 대한 적절한 정보를 제공받기 어려울 때 혹은 간과하기
쉬운 뇌기능장애의 가능성을 발견하고자 할 때 유용하다. 또한 내
담자의 수검 불안과 상담자와의 친밀한 관계 형성을 위한 완충검사
(buffer test)로 유용할 뿐만 아니라, 전체 평가에서 언어행동이 지나
치게 강조되지 않도록 평가 절차를 원만하게 해 주는 보충적인 방안
으로 이용될 수 있으며, 상담자와 내담자 간에 최소한의 상호작용이
요구될 때 BGT가 유용하게 활용될 수 있다(임세라, 이시종, 2014).

2. BGT의 창안자: 로레타 벤더

BGT는 소아정신과 의사인 로레타 벤더(Lauretta Bender)가 1938년
에 미국예방정신의학협회의 연구지 제3호
에 「시각-운동 형태 검사 및 그 임상적 활용
(A Visual Motor Gestalt Test and its clinical use)」
이란 논문을 발표한 데에서 비롯되고 발전된
것이다.

1931년 벤더는 미국 뉴욕 시내의 여러 공
원에서 아동들이 분필을 가지고 포장도로

로레타 벤더

위에다 무의식적으로 그림을 그린 것에 관심을 갖게 되었다. 아동들이 그린 그림에는 활동의 즐거움 이외에 다른 지도나 강요 없이 그리고 뚜렷한 동기 없이 성숙적 과정이 자유롭게 표현되었다. 벤더는 아동들의 그림이 고리 모양과 원이 여러 가지로 결합되어 그려져 있고, 닥치는 대로 서투른 선들이 흐트러져 있으며, 원의 운동에 있어서 큰 팔 동작으로 그려져 있는 반면에, 보다 나이 든 아동들의 그림은 윤곽이 상당히 변화하여 꽤 조직화된 것임을 관찰하였다.

이러한 관찰을 토대로 벤더는 시각-운동적 성숙과 기질적 뇌손상을 측정하기 위해 1938년에 BGT를 개발하였다. 검사를 개발함에 있어서 또 다른 목적은 여러 병리 상태에 대한 형태기능을 연구하기 위한 것이었다. 따라서 이러한 목적을 달성하기 위해서는 복잡성과 조직성의 정도가 다른 그림들을 사용하는 것이 필요하였는데, 그러한 그림이 형태심리학자 막스 베르트하이머(Max Wertheimer, 1923)의 연구에서 발견되었다. 베르트하이머는 형태심리학의 이론에 대한 그의 연구에서 시지각을 조사할 목적으로 도형들을 사용하여 정상 피검자들에게 그들이 지각한 것을 기술하도록 하였다. 형태심리학의 이론에 따르면, 반응 결과 혹은 형태화는 유기체의 종합능력과 자극의 성질에 관한 여러 법칙에 의해서 결정된다. 베르트하이머는 이러한 지각 조직화의 법칙을 밝혔으며, 30개 이상의 도형에서 그 법칙을 설명하였다.

조현병 환자와 결함이 있는 사람들이 동일한 도형을 어떻게 지각하느냐에 관심을 둔 벤더(Bender, 1932)는 베르트하이머의 도형들 가운데 9개 도형을 선택하여 단순화하거나 일부 기본적인 특징을 강조하였고, 대부분의 환자가 언어결함을 갖고 있기 때문에 베르트하이머의 정상 피검자들처럼 기술(description)하기보다는 도형들을 모사(copy)하게 하는 방법으로 수정하였다(Schneider, 1982). 이와 같이 과제가 시각적인 것에서 시각-운동적인 것으로 변형되었다.

벤더가 베르트하이머의 형태지각 실험에 사용한 기하학적 도형 9개를 자료로 해서 시각-운동 형태 검사를 연구하게 된 기본 가정은 전기치료를 받은 정신장애 환자나 뇌손상을 심하게 받은 사람은 자극도형을 제대로 재생 모사하지 못할 것이며, 뇌손상을 수반하지 않으면서도 이와 같이 정확한 재생 모사를 하지 못하는 원인은 '자아의 약화' 내지는 '정서적 미성숙'에 있다고 본 것이다.

벤더는 이 가정을 실험적으로 검증하기 위해 연령, 지능, 성숙 등의 변인에 따라 지적·정서적 장애의 현상을 측정하고 평가함으로써 특히 정서장애아의 조기 발견에 기여할 수 있음을 실증해 보였다. 다시 말해서, 벤더는 9개의 자극도형의 모사를 통하여 시간적·공간적 관계에서의 시각-운동 형태를 경험하는 개인의 능력을 진단하고 측정하는 기능은 물론, 모사 과정에 있어서 개인의 심층심리까지도 투사된다는 사실을 실험을 통해 밝혀냄으로써 BGT가 인성 결함, 특히 퇴행 현상이라든가 정서적 결함의 측정에 크게 공헌할 수 있을 것이라고 보았다(Koppitz, 1975).

3. BGT의 기본 가정

BGT는 형태심리학(Gestalt psychology)의 개념에 의거하고 있다. 앞서 언급한 바와 같이, 이 검사의 자료도 베르트하이머(Wertheimer,

1923)가 지각의 형태심리학적 법칙을 연구하고 설명하기 위하여 고안한 수많은 도형 중에서 9개의 도형을 가져온 것이다. BGT는 간단한 기하학적 도형이 그려진 9매의 카드로 구성되어 있으며, 각 카드를 피검자에게 차례로 보여 주고(시각적), 카드에 그려진 도형을 흰 용지 위에 그리도록 한 다음(운동 기능), 그 결과에 대하여 형태심리학의 이론을 기초로 개인의 심리적 과정을 분석하고 해석하는 데 그 목적이 있다.

형태심리학의 주장에 따르면, 표상의 전체 및 도형의 부분과 전체는 질적·양적으로 동시에 지각된다고 한다. 자극이 표상에 조직되는 것은 자극의 각 부분이 접근성, 유사성, 폐쇄성, 연속성 등과 같은 지각의 법칙을 따르고 있으며, 이는 도형에 나타나는 자극들을 형태화하려는 경향성에 의하여 나타난다고 한다. 즉, 지각된 도형은 보통 하나로 통합된다는 것이다.

이와 같이 잘 통합된 것이든 그렇지 않은 것이든 간에 어떤 자극을 지각할 때 우리의 지각 양상은 일정한 법칙의 지배를 받게 된다. 그러나 이러한 법칙들은 지각 성립의 조건으로서 지각 구성의 생리심리학적 과정이나 지각의 운동적 기능, 성숙과 발달에 따른 지체 및 퇴행, 개인의 동기나 욕구를 고려하지 않는다. 수용기관을 통해 들어온 시각자극이 감각 계통을 통하여 대뇌피질의 시각 영역에 전달되어 착정되면, 다시 운동 영역의 기능으로서 운동 계통을 통해서 운동기관에 전달된다. 이것이 생리심리학적으로 본 도형의 시각-운동-재생(visual-motor-reproduction)의 과정이다. 이러한 과정을 통해서 수용된 자극에 의미를 부여하고 모사하여 재생하도록 하는 것이다. 또한 시지각은 정적인 지각만이 아니라 동적인 지각이며, 지

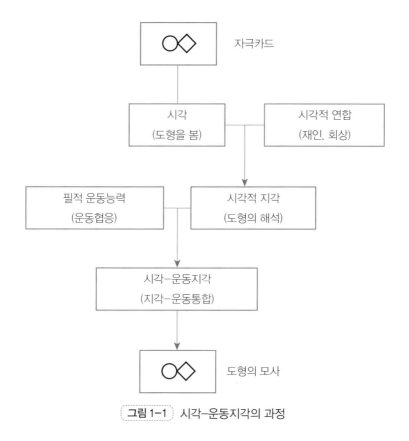

자극카드

시각
(도형을 봄)

시각적 연합
(재인, 회상)

필적 운동능력
(운동협응)

시각적 지각
(도형의 해석)

시각-운동지각
(지각-운동통합)

도형의 모사

그림 1-1   시각-운동지각의 과정

각의 운동적 특성을 고려하지 않으면 안 된다. 환경자극의 지각은, 특히 지각하는 사람의 신체적 운동과 상호의존적이며 보상관계를 갖고 있기 때문이다.

지금까지 설명한 BGT 도형을 모사하는 데 관련되는 시각-운동 지각의 과정을 도식적으로 표현하면 [그림 1-1]과 같다(Koppitz, 1975: 4).

한편, 지각 성립에 작용하는 요인은 대단히 복잡하다. 지각 성립 은 단순히 지각 자체의 형태성뿐만 아니라 지각하는 사람의 기존 경

험과 심적 자세와 같은 요인이 크게 작용한다. 지각은 개인의 욕구
와 깊은 관계를 가지며, 개인의 가치관이나 인성 특성과도 깊은 관
계를 가진다. 지각과 운동 기능은 통합과 협응의 과정에서 이루어지
는 전체적 계열에 있어 투입과 산출의 관계에 있으며, 이와 같은 지
각과 운동 기능의 조화와 협응은 곧 통합된 인성의 기본적인 특징이
라고 볼 수 있다(Billingslea, 1963). 그러므로 도형의 모사 과정에서
나타나는 오류나 왜곡은 적어도 그 개인 내면의 심리적 과정을 최대
한으로 나타낸 것이라고 할 수 있다.

이러한 점을 고려하여 형태심리학의 역동적인 면의 중요성을 강
조한 것이 BGT이다. 벤더(Bender, 1938)는 시각, 운동 및 통합의 기
능에 의하여 형태 구성이 이루어지고, 도형의 모사 과정에서 일어나
는 오류나 왜곡은 그것이 그 개인의 잘못된 지각 때문일 수도 있으
며, 모사 과정에서의 오류나 통합기능의 장애와 같은 요소의 복합에
의해서 또는 지각 과정에 개입되는 그 개인의 심리적인 특징과 과정
에 의해서도 일어날 수 있다고 하였다.

이와 같이 BGT는 '전체 장면에 대한 전체적 반응'이란 형태심리학
의 기본 원리에 역동심리학의 개념도 아울러 부가하고 있어서 피검
자가 무엇을 어떻게 지각하고 있는가 하는 점을 고려할 뿐만 아니라
지각이 어떻게 이용되는지의 방법도 아울러 평가한다. 그러므로 이
검사는 모든 투사법의 기본 개념과 일치하고 있어서 인성에 대한 설
명과 임상적 진단도구로서의 효능도 아울러 갖추고 있다.

인성의 중요한 측면을 측정하기 위해서 BGT를 사용할 때의 기
본 가정은 "피검자가 자극도형을 모사할 때 표준모델로부터의 이탈
은 적어도 부분적으로는 그 자신의 적응 방식을 반영한다."(Tolor &

Schulberg, 1963: 65)는 것이다. 이처럼 어떤 개인의 인성적인 측면을 진단하고 해석하는 데 기본적인 것은 이러한 표준모델로부터의 이탈이다. 그리고 임상도구로서 병리의 유무를 알아보기 위한 그리고 투사적 도구로서의 BGT 사용에 대한 이론적 근거는 "유기체는 '형태기능'을 가지고 있는데, 이것은 유기체가 하나의 전체로서 주어진 자극 무리에 반응하는 기능이라고 정의된다. 패턴 혹은 형태의 무리에 대한 반응은 지각을 경험한 개인의 통합기제에 의해 원자극의 패턴과는 다르다. 자극의 전체 태세와 유기체의 전체 통합 상태는 반응의 패턴을 결정한다."라는 벤더(Bender, 1946: 165)의 말에 잘 내포되어 있다.

BGT가 갖는 투사적 의미를 강조하면서 시각-운동지각의 성숙 그 자체보다는 그것을 통한 인성 특징을 알아보려는 임상적 진단도구에 더 역점을 두었던 허트(Hutt, 1985: 15)는 "BGT는 지각의 고전적인 법칙을 알아보는 것 이상이며, 도형 모사의 과정과 결과를 알아봄으로써 개인의 특유한 인성 양태, 욕구, 갈등, 방어, 성숙 수준, 문제에 대처하는 방법과 자아강도 등 행동하는 개인의 이해를 극대화하려는 것이다."라고 진술하였다. BGT의 도형에 대한 개인의 반응은 만족스러운 패턴으로 지각을 통합하려는 시도를 나타낸다는 점에서 병리 측정으로서의 즉 투사적 도구로서의 BGT 사용은 정당화되는 것 같다.

앞서 살펴본 바와 같이, BGT는 대상 지각의 통일성과 전체성 및 역동성을 강조하는 형태심리학과 역동심리학의 이론을 근거로 하여 개인의 심리적 과정을 분석하고자 하며, 최근에는 기질적 뇌손상, 정신병리 혹은 인성기능으로서 반응상의 체계적인 차이에 보다

강조를 두면서(Murphy & Davidshofer, 2004) 그 해석이 이루어지고
있다.

4. BGT의 도형

BGT의 도형은 모두 9개로, 도형 A와 도형 1에서 도형 8까지의
명칭이 붙어 있다. 이 도형은 앞서 설명한 바와 같이 베르트하이머
(Wertheimer, 1923)가 지각에 대한 형태심리학적 법칙을 설명하기 위
해 고안한 것을 빌린 것이다. 각 도형의 모양은 [그림 1-2]와 같다.
이 9개의 도형 중에서 도형 4와 도형 5를 제외하고는 모두 베르트하
이머가 고안한 도형에서 가져온 것이다. 벤더(Bender, 1963)는 도형
A, 3, 7, 8은 베르트하이머의 도형과 아주 닮게 만들었고, 나머지는
어떤 기본적인 형태의 특징을 단순화했거나 보다 강조해서 변형했
다고 하였다. 이들 도형을 15.3×10.2cm 크기의 카드에 각각 1개씩
그린 9매의 카드가 1세트의 BGT를 이룬다. 이것이 오늘날까지 가장
많이 쓰이는 표준적인 BGT 도형이다. 이 9개의 도형을 구체적으로
설명하면 다음과 같다.

유도적인 도형 A는 서로 가까스로 접촉해 있는 2개의 별도 요소
로 구성되어 있다. 하나는 둥글고, 다른 하나는 각을 이룬 모난 것이
다. 모양은 서로 다르지만 외관상 크기는 거의 같다. 원은 원으로,
마름모는 마름모로 지각되며, 또한 하나의 완전한 형태로 지각된다.

도형 1은 대체로 서로 일정 간격(등거리)으로 놓여 있는 것처럼 보
이는 12개의 점이 한 줄로 늘어서서 구성되어 있다. 실제로 점의 대

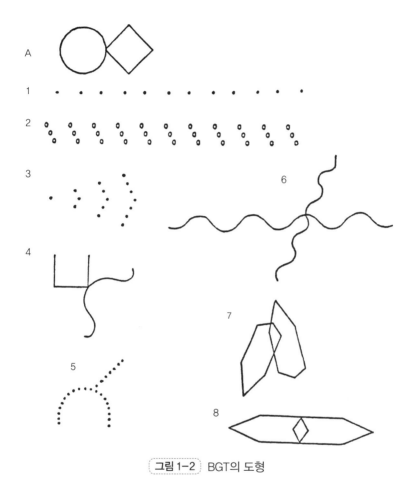

（그림1-2） BGT의 도형

부분은 두 점이 한 쌍이 되어 놓여 있다. 부분들의 접근 원리에 따라
일련의 짝지어진 점으로서 지각된다.

　도형 2는 보통 각기 조그만 3개의 원이 위의 것이 왼쪽, 아래의 것
이 오른쪽으로 비스듬히 배열되어 있는 11개의 종렬로 지각된다. 드
물기는 하지만, 원들로 줄지어 있는 3개의 횡렬로 배열되어 있는 것
으로 보일 수도 있다.

도형 3은 점으로 구성되어 있는데, 대칭적으로 배열되어 있다. 1개의 점으로 시작하여 3개의 점, 5개의 점, 7개의 점이 차례로 동일하게 약한 각도로 구성되어 있다. 왼쪽에 있는 1개의 점은 점에 의해 형성되는 수평선의 왼쪽 종착점이며, 모든 각의 수렴점이기도 하다. 이 도형은 항상 그런 것은 아니지만, 보통 왼쪽에서 오른쪽으로 나아가고 있는 것으로 생각된다.

도형 4는 한 지점에서만 서로 접촉되어 있는 2개의 별도 요소가 선으로 그려져 구성된 그림이다. 왼쪽에 있는 요소는 위가 트인 정사각형이고, 오른쪽 요소는 종 모양의 곡선으로 가운데가 정사각형의 오른쪽 밑부분에 접촉되어 있다.

도형 5는 모두 점으로 되어 있고, 다소 불완전한 원 혹은 호(arc)의 모양으로 배열되어 있으며, 호의 위 중앙에서 다소 오른쪽에 깃 모양의 점이 직선으로 이어져 있다. 호는 19개의 점으로 되어 있고, 이어져 있는 깃 모양은 7개의 점으로 구성되어 있다.

도형 6은 2개의 파선으로 구성되어 있는데, 수평적으로 놓여 있는 파선과 수직적으로 비스듬히 놓여 있는 또 다른 파선이 교차되어 있다. 두 파선은 꾸불꾸불하지만, 수평선의 것이 수직적으로 교차하고 있는 선의 것보다 더 넓다.

도형 7은 겹쳐 있는 2개의 가늘고 긴 육각형으로 구성되어 있다. 두 육각형은 모두 좁은 차원이 수직면으로 배열되어 있으며, 왼쪽 육각형이 오른쪽 육각형에 기대어 있다. 두 육각형의 상단 부분이 겹쳐 있다. 겹쳐 있는 그 자체가 전부는 아니다. 즉, 한 육각형이 다른 육각형에 겹쳐 있다고 하더라도 그것은 단지 부분에 지나지 않는다.

도형 8은 피검자에게 실시되어야 할 마지막 BGT의 도형이다. 이것은 아주 종종 수평적 위치로 길게 늘어진 하나의 육각형으로 구성되어 있는 것으로 보인다. 그 육각형의 중앙 내부에 다소 위아래로 긴 다이아몬드 모양의 그림이 있다. 또한 이 도형은 보통 다이아몬드로 지각되는 지점에 중첩되어 있는 두 육각형이 수평적으로 배열되어 있는 것으로 보일 수도 있다.

제2장
BGT의 실시 방법

1. 표준적인 실시 방법

BGT의 실시를 위해서는 기본적으로 9개의 도형이 각각 그려져 있는 9매의 BGT 카드(15.3×10.2cm), 줄이 없는 백지의 모사용지(21.59×27.94cm, 보통 A4용지를 사용), HB 연필, 지우개, 초시계 그리고 도형 모사에 지장을 주지 않도록 표면에 흠집이 없는 매끄러운 책상과 의자 등의 준비물이 필요하다. 펜을 사용하지 않는 이유는 선의 왜곡이 잘 드러나지 않고 지우개를 사용할 수 없기 때문이다. 연필은 선의 굵기와 필압의 확인이 가능하다는 점에서 펜보다 좋다.

검사는 BGT의 도형 모사에 방해가 되지 않는 장소에서 개별적으로 실시한다. 집단실시의 방법도 있지만 피검자의 동기 요인의 다양성을 적절히 관찰할 수 없고 개별 결과에 대한 해석이 빈약하기 때문에 개별실시의 방법이 흔히 쓰인다. 대부분의 다른 투사법과 마찬가지로 엄밀히 말하면 BGT는 개별검사(individual test)이다.

어느 심리검사의 검사장면에서와 마찬가지로 검사자와 피검자 간의 친화감/친밀감(rapport)이 형성되어야 한다. 흔히 피검자는 BGT 자체가 단순하고 실시하기가 까다롭지 않기 때문에 피검자에게 대수롭지 않은 것으로 여겨서 검사에 임하는 자세에 신중성을 결하여 되는 대로 아무렇게나 해 버릴 우려가 있는가 하면, 이와 반대로 어떤 피검자에게는 단순성 그 자체가 어떤 심대한 함의를 가진 것으로 보고 불안해하는 경우도 있기 때문이다. 그러므로 검사 실시에 앞서 친화감/친밀감이 형성되고, 검사 자체가 피검자에게 도움을 주는 유익한 것이라는 심적 태도가 갖추어져서 최선을 다할 수 있도록 분위기가 조성되어야 한다.

지시 내용은 BGT 사용자들이 어떤 이론에 입각해서 어떤 채점 요인을 더욱 강조하느냐에 따라 다소 다르다. 특히 BGT 카드의 수를 명시해 주느냐 주지 않느냐에 따라 차이가 있다. 예를 들어, 다음에 제시한 바와 같이 벤더(Bender)와 허트(Hutt)의 방법에서는 9매의 카드를 명시하지 않고 '몇 장' 또는 손으로 카드를 가리키면서 '이 정도'라고만 지시하도록 되어 있는 반면에, 파스칼과 서텔(Pascal & Suttell)의 방법 그리고 코피츠(Koppitz)의 방법에서는 '9매'의 카드를 차례로 보여 준다는 것을 분명히 지시하도록 되어 있다. 피검자에게 9매의 카드에 있는 각 도형을 모사한다는 것을 분명히 지시해 주는 이유는 그렇게 해야만 피검자가 도형의 크기와 배열을 계획할 수 있기 때문인데, 이러한 방법에서는 '도형 배열의 순서'를 채점 요인으로 삼아 피검자의 사전계획능력과 조직능력을 알아보게 된다.

"여기에 몇 장의 카드가 있습니다. 당신에게 보이는 대로 이것을
그리시오."(Bender)

"지금부터 이 카드(카드를 가리키면서)를 한 번에 한 장씩 보여 주
겠습니다. 각 카드에는 간단한 그림이 있습니다. 당신은 될 수 있는
대로 그 그림을 종이에 잘 그리십시오. 어떤 방법으로든 당신이 좋을
대로 그리십시오. 이것은 미술능력의 검사는 아닙니다. 그러나 될
수 있는 대로 정확하게 그리십시오. 빨리 그리든 천천히 그리든 상관
없습니다."(Hutt, 모사단계)

"여기 당신이 그릴 9개의 간단한 도형이 있습니다. 스케치하지 말
고 자 같은 것도 사용하지 말고 이 종이에 그립니다. 이 도형들을 하
나씩 보여 주겠습니다. 이 검사에 시간제한은 없습니다."(Pascal &
Suttell)

"여기 9장의 그림이 그려진 카드가 있는데 이것을 종이에 그리는
것입니다. 자, 여기 첫 번째 그림이 있습니다. 시작합니다. 꼭 그대로
그립니다."(Koppitz)

또한 일반적으로 스케치하는 행동과 용지나 자극도형의 회전, 그
밖에 점의 수를 헤아리는 등의 수검행동은, 처음에 제지하는 것을
원칙으로 하지만 계속할 때는 관찰 사항으로 기록하여 해석에 참고

하도록 한다. 특히 BGT의 모사 결과를 투사법적으로 해석하려고 할 때는 수검행동의 세부적인 면을 잘 관찰해 두었다가 임상적인 해석에 참고하도록 한다. 지시 내용 이외의 질문, 예를 들어 "이 점들을 세어야 합니까?" "몇 장의 용지를 사용합니까?" "지우개를 사용해도 좋습니까?"라고 질문할 때 검사자는 "당신 좋을 대로 하세요." 또는 "보이는 대로 그리세요."라고만 답하면 되고, 그 밖에 어떤 수검상의 암시를 줄 만한 말은 하지 않는 것이 좋다.

피검자가 모사용지를 더 요구할 때는 미리 준비해 둔 모사용지를 더 준다. 그러나 자와 그 외의 보조도구는 사용하지 못하게 한다. 모사용지는 피검자 앞에 긴 축이 수직이 되도록 제시하고, BGT 카드는 긴 축이 수평이 되도록 제시한다. 만일 피검자가 표준적인 모사용지나 카드의 위치를 변경하면 "이렇게 해서 그리세요."라는 지시를 하고 바르게 놓아 준다. 그래도 그 위치를 변경하면 이를 기록해 두었다가 이에 대한 적절한 해석을 하도록 한다.

연필은 진하지도 연하지도 않은 HB 정도의 경도를 가진 것이 그림이나 글을 쓸 때 가장 좋다. 피검자는 나중에 연필을 얼마나 눌러서 그렸는지를 검토해서 불안과 욕구좌절 등과 관련된 해석을 하게 된다. 지우개를 놓아 두는 것은 지우고 고칠 수 있다는 것을 암시하는 것이지만, 지우거나 고칠 때는 지우개를 사용하라는 지시를 하지 않도록 한다. 지우는 문제에 대한 질문에는 마음대로 하라고만 답하면 된다.

피검자가 도형 A를 다 그리면 "잘 그렸군요!" 하는 등의 적절한 말을 하면서 도형 A를 제거하거나 엎어 놓고 "자, 이제 이 그림을 그려 보세요."라고 하면서 도형 1을 제시한다. 이런 식으로 9매의 카드에 있는 도형을 전부 그리도록 하면 된다.

실시 과정에서 검사자가 유의할 사항을 요약 제시하면 다음과 같다.

• 검사자가 9매의 카드를 관리하고, 피검자에게 한 매씩 카드를 제시한 후 보이는 대로 그리도록 한다.

• 자극도형을 보이지 않게 차례대로 엎어 두고 도형 A부터 시작해서 도형 8까지 차례대로 제시한다.

• 자극도형은 피검자가 오른손잡이의 경우에는 왼쪽에, 왼손잡이의 경우에는 오른쪽에 놓아 준다.

• 모사용지는 여러 장을 준비해 두어 피검자가 요구하면 더 사용할 수 있게 한다.

• 모사용지는 피검자 앞에 세로로(긴 쪽이 피검자와 수직이 되도록) 놓아 주고, 카드는 가로로 제시한다.

• 반드시 지우개를 준비하여 피검자가 필요할 경우에는 지워서 다시 그릴 수 있게 한다.

• 자극도형이나 모사용지를 회전할 때는 제시된 대로 그리도록 요청하고, 그래도 회전하면 피검자가 원하는 대로 한 후 이에 대해 기록해 둔다.

• 다양한 질문에 대해서는 "보이는 대로 그리세요." "좋을 대로 하세요."라는 정도로만 대답한다. 가능한 한 개방적이고 간결해야 한다.

• 수검행동, 수검태도를 잘 관찰해 두었다가 해석에 참고하도록 한다.

• 도형 모사는 손으로 하게 하며 자나 기타 보조도구를 사용하지

못하게 한다.

- 충고나 지시를 하지 않는다. 특히 피검자가 의존적이거나 도움을 청할 때 더욱 충고나 지시를 하지 않도록 주의해야 한다.

2. 변형된 실시 방법

1938년에 BGT가 소개된 이후 앞서 설명한 일반적이고 표준적인 실시 방법을 다소 변형시킨 여러 다른 방법에 의한 실시 절차가 시도되었다. 이러한 실시 방법들은 검사의 효율성을 증진하거나 어려운 진단적 결정을 할 때 도움이 된다(Lacks, 1984).

BGT의 주요 기능 중의 하나가 선별검사(screening test)의 기능을 하는 것이기 때문에 경우에 따라서는 한 번에 여러 명을 대상으로 검사를 실시하는 것이 도움이 될 수 있다. 코피츠(Koppitz, 1975)는 학령기 아동들에게 BGT를 집단적으로 실시할 수 있는 네 가지 방법, 즉 확대된 자극카드의 이용, 한 벌로 된 BGT 카드의 이용, 인쇄된 책자의 이용, 스크린에 BGT 도형의 투영을 설명했다. 이러한 방법들은 성인들에게도 적용될 수 있다.

BGT 실시 방법의 한 변형으로 회상단계(recall phase)를 들 수 있는데, 이 방법은 피검자에게 표준적인 모사단계에서 그린 그림을 최대한 많이 기억해서 다시 그리도록 하는 것이다. "조금 전에 그림을 그렸는데, 그 그림들 중 생각나는 대로 그려 보세요. 그림의 순서는 상관없습니다."라고 한다. 이 방법에서 사용되는 점수는 일반적으로 회상하여 정확하게 그린 그림의 수가 된다. 또한 경우에 따라서는 회상하여 그린 도형의 질이 평가되기도 한다.

BGT 실시의 또 다른 변형은 피검자에게 보통 5초 동안 그림을 보여 주고 기억에 의해 그 그림을 그리게 하는 것이다. 이러한 순간노출제시(tachistoscopic presentation)의 방법은 뇌기능장애가 의심될 때 사용할 수 있으며, 기질적 뇌손상과 다른 유형의 정신질환을 잘 진단감별해 준다(Hutt & Briskin, 1960). 이 방법은 자극도형의 노출 시간 차를 제외하고는 모사단계와 별 차이가 없다.

BGT 실시에 있어서 가장 대표적이면서 많은 주의를 끌었던 변형은 배경간섭절차(Background Interference Procedure: BIP)이다. 이것은 기질적 뇌손상을 진단하는 보조자료로 사용하기 위해서, 즉 기질적 예측의 정확성을 높이기 위해 고안된 것이다. BIP는 피검자들에게 처음에는 표준적 모사 실시에서처럼 흰 용지에 BGT 도형을 그리게 하고, 그다음에는 다양한 곡선이 교차하여 인쇄된 특별히 고안된 용지에 도형을 그리도록 요구한다. BIP에서의 채점은 배경의 간섭을 가지고 그린 그림의 질과 그러한 간섭 없이 그린 그림의 질을 비교하는 데 기초를 두고 있다.

3. 실시에서 행동관찰의 중요성

검사자는 실시 과정에서 피검자의 행동을 관찰하는 것이 필요하고 중요하다. 왜냐하면 검사자가 관찰하지 않으면 중요한 정보를 잃어버릴 수 있기 때문이다(Reichenberg & Raphael, 1992). 행동관찰을 통해서 피검자의 여러 사회적 및 인성적 특성을 엿볼 수 있고

(Brannigan & Brunner, 2002), 피검자들이 보인 오류가 과제에 대한 관심의 부족, 충동성, 검사자에 대한 적대감, 피로, 꾀병 등으로 인하여 최선의 노력을 다하지 않은 결과일 수도 있기 때문에 검사 결과를 보다 타당하고 의미 있게 해석하는 데 도움이 될 수 있다. 새틀러(Sattler, 2002)는 피검자의 수검상의 행동관찰은 빈약한 수행의 요인을 확인하는 데 중요한 정보를 제공해 주는 경우가 많다고 하면서 그 요인으로 시각적 문제, 질병 및 손상, 피로, 약한 근육과 관련된 생리적 한계, 출생 시의 저체중과 뇌성마비, 겸상 적혈구 빈혈증(sickle-cell anemia)과 같은 신체장애 조건, 환경적 스트레스, 충동성, 부적절한 동기 상태, 정서적 문제, 지적장애, 사회 문화 실조, 경험 부족 등을 제시하였다. 또한 브래니건과 데커(Brannigan & Decker, 2003)는 검사자는 피검자의 친화감 형성 곤란, 피로, 주의산만, 지시사항의 이해 부족, 조심성 없이 그리기, 시간이 지남에 따라 대충 그리기, 검사를 받는 것에 대한 불만, 자주 지움, 검사를 받는 것에 대한 과민, 재묘사의 실패, 격려를 필요로 함, 손가락으로 도형 만지기, 선을 연하게 그리기 등과 같은 수검행동을 관찰해야 한다고 보았다.

BGT 모사 과정에서 보일 수 있는 피검자의 몇 가지 행동 양상과 이에 따른 가능한 해석을 살펴보면 다음과 같다.

도형 A 카드에서부터 마지막 8번 카드를 모사하는 데 걸리는 시간을 기록해 둔다. BGT를 실시할 때 시간제한은 없지만 이례적으로 느리거나 빠르게 그리는 것은 진단적으로 의미가 있다. 대체로 정상적인 사람의 경우에는 BGT의 도형 9개를 모사하는 데 평균 6분 이하의 시간이 걸리며, 대부분의 경우에 5~10분 정도 소요된다. 소요 시간이 지나치게 긴 경우에는 섬세함뿐만 아니라 정신운동 속도의 지연을 나타내는 지표가 되며, 여러 가지 정신적인 문제를 반영하는 것일 수도 있다. 랙스(Lacks, 1984)에 따르면, BGT의 모사 시간이 15분 이상 오래 걸릴 경우에는 뇌기능장애나 다른 병리적인 심리 상태 때문이다. 반대로 지나치게 빨리 그리는 것은 추진력뿐만 아니라 불안이나 회피, 강한 반항적 경향성과 같은 태도의 지표가 될 수 있다.

강점 기반 측면에서 보면, 모사 시간이 오래 걸리는 것은 피검자가 실수하지 않으려는 노력, 주어진 역할과 업무를 꼼꼼하고 세밀하게 수행하려는 경향성, 과제에 대한 결과를 검토하고 재검토하는 치밀한 일처리 방식, 더 나아가 인정을 받고 싶은 욕구가 크기 때문일 수 있다. 이러한 경향성이 지나치게 되면 일처리의 지연, 융통성 있는 작업 수행의 곤란, 대인관계에서의 갈등, 스스로 좌절할 가능성, 자존감의 저하 등과 같은 위험성이 있을 수 있다. 피검자가 도형에 그린 점의 수를 반복해서 헤아리거나 지우개를 자주 사용하는 경우에도 이와 같은 해석이 가능하다.

매우 조직적이고 질서정연하게 그리는 경우에 이는 피검자의 뛰어난 계획능력, 미리 예측하려는 성향, 문제해결의 적극성, 주어진 틀 속에서 자원을 최대한 활용하고자 하는 태도, 순응적이고 관습적인 것에 저항을 느끼지 않는 면을 엿볼 수 있다. 반면에 이러한 특징들이 지나칠 경우에는 틀에서 벗어나지 못하고 융통성이 없는 사고 패턴으로 협동적인 작업 수행에 갈등을 겪을 수도 있다. 한편, 모사용지에 그린 도형들이 제시 순서와 상관없이 피검자가 작위적으로 그린 경우에는 틀에 얽매이지 않고 자기주도적이고 사고의 유연

성, 창의성, 호기심, 개성 등이 풍부하기 때문일 수도 있지만, 이것이
지나치면 예측하기 어려운 반응 패턴으로 인해 갈등이 초래될 수도
있다.

　피검자가 주어진 카드를 회전시키거나 주어진 모사용지를 회전
하여 사용하고자 하는 경우에는 피검자가 호기심이 많고 자기주도
적이며 관습이나 틀에 얽매이지 않는 점 때문일 수도 있고, 어떤 반
항이나 저항감의 특성을 드러내는 것일 수도 있다. 또한 그림에서
선의 굵기가 가늘고 희미할 경우에는 섬세함과 조심성, 상대방이 자
신에 대해 어떤 생각을 하고 있을지에 대한 민감성을 가지고 있다고
볼 수도 있다. 그러나 이러한 특징들이 지나칠 경우에는 자신감 저
하, 우유부단함, 의존성 때문일 수도 있는데, 그렇다고 한다면 대인
관계에 있어서 소극적인 태도, 심리적 위축, 불안을 나타낼 가능성
이 크다.

　검사자는 피검자가 보인 오류가 그의 지각운동 곤란 때문에 나타
난 것인지 아니면 부주의와 같은 다른 요인 때문에 나타난 것인지를
잘 판단해야 하고, 전자의 경우에만 오류를 채점해야 한다. 행동관
찰의 편의를 위해서 〈표 2-1〉과 같은 체크리스트를 활용하면 도움
이 된다(Lacks, 1984, 1999). 예를 들어, 어떤 피검자가 도형 1에서 단
지 4개의 점만을 모사하고, 검사를 받는 것에 대해 적대감을 표현하
고, 모사하기 전에 자극카드를 좀처럼 보지 아니하고, 점들이 너무
많아서 모사하기 싫다고 투덜대며, 검사를 마치는 데 불과 2분밖에
걸리지 않았다고 가정해 보자. 이런 경우에 그 피검자는 어떤 뇌기
능장애나 정신병리 문제를 겪고 있다기보다는 검사에 대한 협조를
거부하고 있는 것으로 보아야 한다. 이처럼 검사자가 이런 검사 수

표 2-1 BGT 행동관찰 목록

_____ 피로를 보임

_____ 자극에 대한 불충분한 주의

_____ 매우 빠르고, 주의하지 않고 실행함

_____ 지나치게 주의를 기울이고 신중함

_____ 빈약하게 수행한 그림(피검자가 교정하려고 여러 차례 노력하
          여도 성공적이지 못함)에 대한 불만의 표시

_____ 빈약한 운동협응이나 손 떨림

_____ 회전(도형 _____)

_____ 도형을 보는 데 어려움을 보임(예컨대, 안경이 필요하다고 말함)

_____ 기타

        시간 _____

행에 대한 직접적인 관찰을 하지 않으면 잘못 진단을 내릴 수 있다.

   그리고 나이 든 사람들을 대상으로 BGT를 실시할 경우, 이들은
시각적 또는 청각적으로 문제가 있을 가능성이 높기 때문에 검사 실
시 전에 그러한 시각적 · 청각적 결함의 여부를 점검해 보는 것이 필
요하다. BGT는 검사 배터리(battery)에서 첫 번째로 실시되는 것이
보통이기 때문에 모든 검사가 끝나기 전에는 피검자가 도형을 보거
나 지시사항을 들을 수 있는지의 여부를 발견하기가 어렵다. 이러한
지각적 결함을 점검해 보기 위한 간단한 한 가지 방법은 피검자에게
간단한 그림을 보여 주고 그것을 설명해 보도록 하거나 카드에 적혀
있는 간단한 글을 읽어 보라고 요구하는 것이다. 또한 그들이 평소
안경을 착용하는지의 여부를 물어보는 것이 필요하다. 나이 든 사

람들은 자존심 때문에, 혹은 당황하거나 깜박 잊고 안경을 착용하지 않은 채 검사에 임하는 경우가 많기 때문이다.

앞서 살펴본 몇 가지 예처럼 검사자는 피검자의 관찰된 행동이 강점에서 기인하는 것인지, 아니면 약점에서 기인하는 것인지를 잘 살펴서 결과를 해석하는 데 기초 자료로 삼아야 한다. 상담장면에서는 BGT 실시 과정에서 이와 같은 피검자(내담자)의 행동이 관찰되면 검사자(상담자)는 그의 강점 측면에서 해석하고자 하는 태도를 가져야 하며, 피검자가 약점과 같은 문제를 스스로 이야기를 꺼낼 수 있도록 적절한 질문을 하면서 해석상담을 진행할 필요가 있다(조성희, 신수경, 2019). 또한 이런 검사 과정에서의 행동이나 태도, 실시 과정에서 무심코 내뱉는 언어적 반응과 비언어적인 얼굴 표정이나 몸동작, 목소리의 음색이나 크기 등을 유심히 관찰하고 특이 사항이 있으면 기록해 두었다가 검사 결과를 해석할 때 참조해야 한다. 랙스(Lacks, 1999)가 강조한 바와 같이, 검사자는 이러한 행동관찰 외에도 피검자의 발달사, 신체건강, 사회적 상호작용, 학업 진도, 전형적인 행동 패턴에 관한 정보를 종합하여 검사 결과를 해석해야 한다.

제**3**장

BGT의 채점 방법

　벤더(Bender)가 BGT를 창안한 이후 여러 사람에 의해 많은 채점 방법이 개발되어 왔다. 여기서는 페르티코네(Perticone)의 채점 방법에 의한 질적 해석을 하는 데 보충 자료로 참고할 수 있는 코피츠(Koppitz)의 정서지표, 허트(Hutt)의 정신병리척도, 라이헨베르크와 라파엘(Reichenberg & Raphael)의 해석 체계법에 대한 채점 방법만을 간단히 살펴보고자 한다.

1. 코피츠의 정서지표

엘리자베스 M. 코피츠(Elizabeth M. Koppitz)는 당시 대부분의 BGT

연구가 성인을 대상으로 한 것이었기에 어린 아동들에게 적용될 수 있는 적합한 채점 방법과 기준이 없는 것을 발견하였다. 지능이나 문제 유형에 관계없이 5~10세까지의 모든 아동에게 적용될 수 있는 발달적 채점 방법(The Developmental Bender Test Scoring System)과 정서적 적응을 측정하는 제2의 채점 방법을 개발하여 1963년에 그의 저서 『아동용 BGT(The Bender Gestalt Test for Young Children)』에서 이를 소개 및 발표하였다.

그러나 2007년에 와서 만 10세 이상의 아동 및 성인에게까지 적용하기 어렵다는 연령의 제한을 극복하여 만 5세에서 성인에 이르기까지 모든 연령에게 적용이 가능한 발달적 채점 방법 제2판(Koppitz Developmental Scoring System of the Bender-Gestalt Test, Second edition: Koppitz-2)이 개발되었다(Reynolds, 2007). Koppitz-2는 1963년에 개발된 『아동용 BGT』를 재개발하고 확장한 것으로, 총 16매의 간단한 기하학적 도형으로 구성되어 있으며, [그림 3-1]과 같다(Reynolds, 2007: 4). 카드는 가로 15.3cm, 세로 10.2cm의 크기로, 일반 종이가 아닌 플라스틱 재질로 되어 있다. 9매의 카드에 7개의 새로운 도형이 추가되어 1~13번 카드는 5~7세 아동을 대상으로 실시하고, 5~16번 카드는 8세 이상의 아동 및 성인을 대상으로 실시한다.

여러 연구 결과에 의하면, BGT는 아동의 정서문제를 설명하고 평가하는 데 유용하다. 시각-운동지각에 문제를 갖고 있는 아동은 욕구좌절과 학교나 가정에서 실패를 더 많이 경험하게 된다. 그 결과 이런 아동 중 많은 수가 부정적 태도를 갖고 정서적 부적응이 일어나게 된다. 그리하여 코피츠는 정서문제는 지각문제에 대해 이차적으로 발생하는 것이라고 주장하고, 시각-운동지각이 미성숙하거나

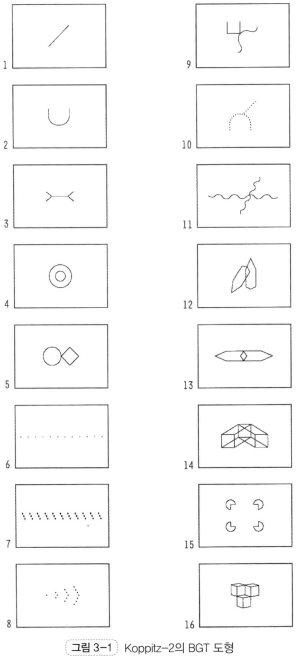

그림 3-1 Koppitz-2의 BGT 도형

기능이 불완전한 아동은 그렇지 않은 아동보다 학습문제뿐만 아니라 정서문제도 더 많이 생길 경향성이 있다고 가정하였다.

BGT 도형의 이탈과 왜곡은 일차적으로 시각-운동지각의 미성숙과 관련된다. 그림 그리는 방법, 예를 들어 크기, 조직력, 용지상의 위치, 연필로 그은 선의 질 등이 주로 인성적 요인과 태도에 관련된 정서지표(Emotional Indicators: EIs)이다. 그래서 코피츠는 정서적으로 문제가 있는 아동은 없는 아동보다 정서지표가 더 많이 일어날 것이라고 가정하였다.

1) 기존의 정서지표

코피츠는 자신의 임상적 경험과 선행 연구들을 기초로 도형 배치의 혼란(confuse order), 도형 1과 2에서 파선(wavy line, Designs 1, 2), 도형 2에서 원 대신 대시(dashes for circles, Design 2), 도형 1, 2 혹은 3에서 크기의 점증(progressive increase in size, Designs 1, 2, 3), 과대묘사(large size of drawings), 과소묘사(small size of drawings), 얇은 선(fine lines), 가중묘사 혹은 굵은 선(overworked, reinforced lines), 반복 시행(second attempt), 확산(expansion), 압축(constriction) 등 정서적 태도와 인성구조를 반영한다고 믿을 만할 11개의 정서지표를 도출하였다. 그러나 모든 도형을 모사용지의 반 이내에 모두 그린 경우인 압축은 아동의 경우, 의미 있는 관계가 나타나지 않고 정서문제에 대한 변별력이 없기 때문에 정서지표의 범주에서 제외해 버렸다. 10개의 정서지표에 대한 정의와 채점의 예(Koppitz, 1963, 1975), 임상적 해석(Groth-Marnat, 2003 재인용)은 다음과 같다.

(1) 도형 배치의 혼란

BGT 도형들이 논리적 계열이나 순서도 없이 제멋대로 흩어져 있는 경우이다. 이것은 모사용지의 위쪽에서 아래쪽으로, 혹은 왼쪽에서 오른쪽으로 어떤 종류의 순서 없이 배치된 것을 말한다. 만일 모사용지의 제일 밑이나 옆에 여백이 없을 때 도형 8을 모사용지의 제일 윗부분에 그렸더라도 채점하지 않는다. 이 지표는 계획능력의 결여와 자료 조직능력의 빈약성과 관계가 있다. 5~7세 아동들에게서 흔히 나타나는데, 8세 이후의 아동과 지적인 아동에게서 도형 배치의 혼란이 나타나면, 이는 정신적 혼란을 반영하는 것일 수 있다.

채점의 예

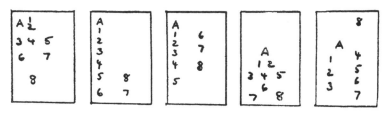

〈정상적인 배치로서 채점하지 않음〉

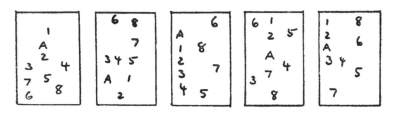

〈배치 혼란으로 채점함〉

(2) 도형 1과 2에서의 파선

도형 1과 2의 각각의 점이나 원에 있는 선의 방향에서 2개 이상이 갑작스럽게 변화된 경우이다. 곡선화 혹은 회전은 이 범주로 채점하지 않는다. 방향의 변화는 적어도 2개의 연속된 점이나 원을 포함해야만 한다. 단 1개의 점이나 원의 열이 탈선했을 때는 채점하지 않는다. 파선은 1개 혹은 2개의 도형이 이러한 이탈을 나타내든지 나타

채점의 예

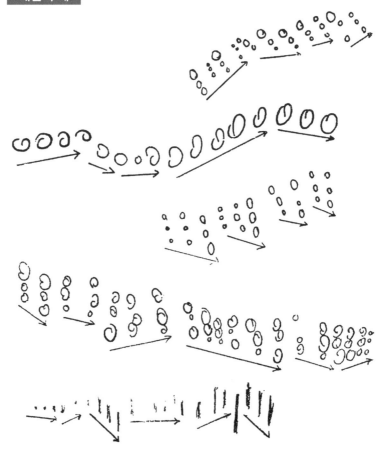

내지 않든지 간에 한 번만 채점한다. 이 지표는 빈약한 운동협응능
력과 정서적 혼란과 관계가 있으며, 기질적 요인이나 정서적 태도에
서 기인하는 경우도 있다.

(3) 도형 2에서 원 대신 대시

도형 2에서 최소한 모든 원의 반이 1.59mm 이상 길이의 대시로

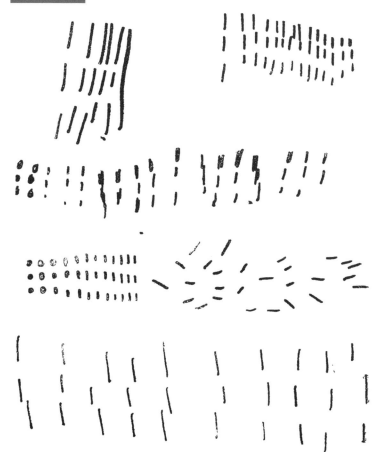

대치된 경우이다. 원 대신 점으로 대치된 것은 이것이 심각한 정서
문제를 가진 아동과 그렇지 않은 아동을 변별해 주지 않기 때문에
채점하지 않는다. 이 지표는 아동들의 충동성과 흥미의 결여와 관계
가 있으며, 자신의 문제에 사로잡혀 있거나 해야 할 일을 회피하고
자 하는 아동들에게서 나타난다.

(4) 도형 1, 2 혹은 3에서 크기의 점증
도형 1과 2 혹은 3에서 점 또는 원의 크기가 점점 증가하여 마지막

채점의 예

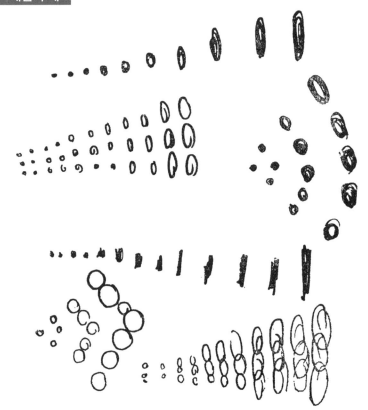

의 것이 처음의 것보다 적어도 3배 이상이 커진 경우이다. 이 항목은
1개의 도형 혹은 3개의 도형에서 모두 이런 현상이 일어나든지 상관
없이 한 번만 채점한다. 이 지표는 낮은 욕구좌절 인내성 및 폭발성
과 관계가 있으며, 5세 이후 아동의 연령이 증가함에 따라 그 진단적
의미는 더욱 커진다.

(5) 과대묘사

하나 혹은 그 이상의 도형을 원래의 자극카드의 도형보다 2배 이상
크게 그린 경우이다. 예를 들어, 도형 A와 도형 7처럼 도형이 두 부

채점의 예

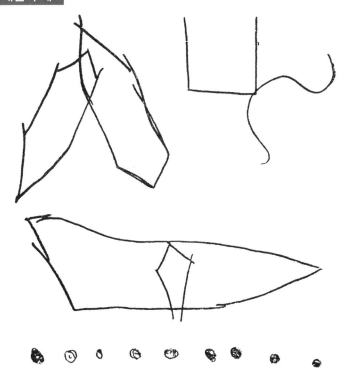

분으로 이루어지고 있을 때 이 채점 범주에 속하기 위해서는 두 부분의 크기가 모두 확대되어 있어야만 한다. 이 항목은 1개의 도형 혹은 9개의 도형에서 모두 이런 현상이 일어나든지 상관없이 한 번만 채점한다. 이 지표는 아동들의 외현화 장애와 행동화와 관계가 있다.

(6) 과소묘사
1개 혹은 그 이상의 도형을 원래 자극도형의 크기보다 반 정도 혹

채점의 예

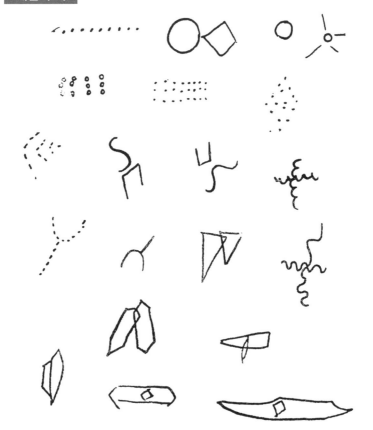

은 그 이하로 작게 그린 경우이다. 각 도형의 크기는 양방향에서 측정된다. 예를 들어, 도형 A와 도형 4처럼 한 그림이 두 부분으로 구성되어 있을 때, 이 범주에 속하기 위해서는 두 부분의 크기가 모두 감소되어 있지 않으면 안 된다. 이 항목은 1개의 도형 혹은 3개의 도형에서 모두 이런 현상이 일어나든지 상관없이 한 번만 채점한다. 이 지표는 아동들의 불안, 위축감, 압박감, 소심함과 관계가 있다.

(7) 얇은 선
연필 선이 너무 얇아서 완성된 도형을 찾아보기가 힘든 경우이다.

채점의 예

이 지표는 아동들의 소심함, 수줍음, 위축감과 관계가 있다.

(8) 가중묘사 혹은 굵은 선

전체 도형 혹은 도형의 일부가 굵은 선, 즉 충동적인 선으로 재차
그린 경우이다. 만일 도형을 지우고 주의깊게 다시 그렸거나, 그림
을 정말 개선할 목적으로 신중한 선으로 정정했을 때는 채점하지 않

채점의 예

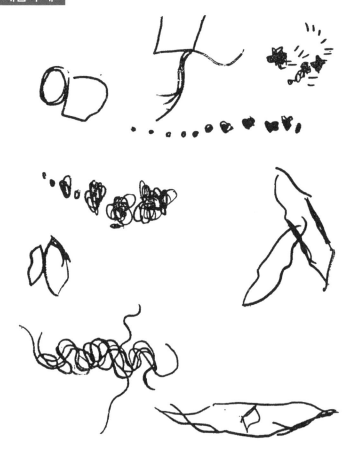

는다. 이 항목은 한 번 혹은 여러 번 일어나든 상관없이 한 번만 채점한다. 이 지표는 아동들의 충동성, 공격성 그리고 행동화와 관계가 있다.

(9) 반복 시행

도형의 전부 혹은 일부가 완성되기 전이나 후에 자발적으로 포기하고 다시 새로운 도형을 그리는 경우이다. 이 항목은 한 도형을 한 지면에서 2개의 다른 방향으로 분명히 두 번 그렸을 때만 채점한다. 한 번 그린 것을 지우고 난 다음에 원래 그렸던 위에 똑같은 장소에 다시 그렸을 때는 채점하지 않는다. 한 번 그린 것을 지우고 난 다음

채점의 예

에 두 번째 그림을 모사용지의 다른 위치에 그렸을 때는 채점한다.
이 지표는 아동들의 충동성, 불안, 약한 내적 통제력과 관계가 있다.

(10) 확산

9개의 도형을 모두 그리는 데 두 장 이상의 모사용지가 사용된 경
우이다. 이 항목은 각 도형이 각 장의 모사용지에 그렸거나, 8개의
도형은 모사용지 한 면에 그리고 나머지 1개의 도형은 그 뒷면에 그

채점의 예

린 경우에도 채점한다. 이 지표는 아동들의 충동성과 행동화와 관계
가 있다. 학령기 아동들 중에 신경적 손상이 있으면서 정서적으로
혼란스러운 아동들의 경우에만 거의 나타난다.

2) Koppitz-2의 정서지표

Koppitz-2는 기존의 정서지표 10개에서 상자 속에 그림 그리
기(box around design), 자발적 정교화 또는 첨가해서 그림 그리기
(spontaneous elaborations or additions to designs)를 추가하여 모두
12개의 정서지표로 되어 있다. 12개의 지표에 해당하는 사항의 유
무로 채점하게 되는데, 나타나면 1점을 부여하고 나타나지 않으면
0점을 부여한다. 따라서 정서지표의 점수가 낮을수록 정서적으로
문제가 없음을, 점수가 높을수록 정서적으로 문제가 있음을 나타낸
다. 정서지표에 대한 정의와 채점 기준은 기존의 방법과 같으며, 도
형 번호가 달라졌고 2개의 추가된 정서지표가 있다는 점만 다를 뿐
이다. Koppitz-2에서 파선은 도형 6과 7, 원 대신 대시는 도형 7, 크
기의 점증은 도형 6~8과 관련된다. 추가된 2개의 정서지표에 대한
정의와 임상적 해석 및 채점의 예는 다음과 같다(Reynolds, 2007).

(11) 상자 속에 그림 그리기
도형을 모사한 후 하나 혹은 그 이상에 박스 선을 두른 경우로, 내
적 통제력의 부족과 관계가 있다.

채점의 예

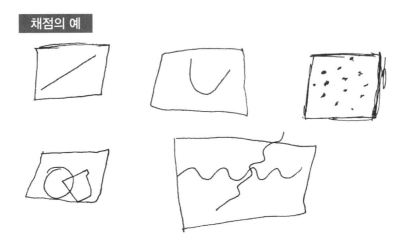

(12) 자발적 정교화 또는 첨가해서 그림 그리기

제시된 자극도형에 어떠한 물체를 넣거나 2개 혹은 그 이상의 도형을 합치거나 다른 것을 창조해서 합하여 그린 경우로, 이전 사건에 대한 자신의 사고와 감정에 대한 몰두, 공포, 불안과 관계가 있다.

채점의 예

2. 허트의 정신병리척도

막스 L. 허트(Max L. Hutt, 1950, 1985)는 자신이 채택한 BGT를 스스로 HABGT(Hutt Adaptation of the Bender-Gestalt Test)라고 약칭하여 사용하였다. HABGT의 통상적인 실시단계는 모사단계, 피검자에게 자신이 원하는 어떤 방식으로 고쳐서 자신의 마음에 들도록 그리라고 요구하는 변용묘사(정교화)단계, 원 자극도형과 변용묘사단계에서 다시 그린 그림 2개를 제시하여 그 2개에 대해 연상(연합) 내용을 불러일으키는 연상단계의 세 가지가 있다. 모사단계는 객관적 채점 방법을 포함하는 단계이며, 다른 두 단계는 임상적 해석에 관심을 두고 있다. 실시가 끝나면 모사단계에서 그린 그림과 아울러 피검자의 논평과 행동, 변용묘사단계의 그림과 피검자의 수검상의 행동과 말들에 대한 주석, 자극도형과 변용묘사된 그림에서 얻은 연상 등의 자료를 활용하여 투사적 해석을 한다.

　허트에 따르면, 이 검사는 자극이 어떻게 지각되고 조직되며, 자극이 피검자에게 무엇을 의미하고 피검자가 자극을 단순화하는 것은 무엇이며, 피검자가 자극에 보태는 것이 무엇인가에 따라서 채점된다. 원 자극으로부터의 이탈을 '징후(sign)'라고 하며, 단지 검사 수행의 임상적 평가에만 의지하는 채점 방법과는 반대로 징후는 이탈의 측정에 토대를 둔 객관적 채점 방법을 위한 기초를 제공한다. 정신병리척도(Hutt, 1977, 1985)는 단지 객관적 점수만을 다루며 임상적 추론을 다루고 있지 않다. 허트의 정신병리척도에서 징후란 임상적인 정신병리의 지표이며, 일반적인 용어로 말하면 '위험한 표시

표 3-1   정신병리척도의 채점기준표

성명: _____ , 연령: _____

IQ: _____ , 진단: _____

징후(변인)	도형(이탈이 일어난 도형)	척도가
1) 배열순서	혼란; 불규칙; 아주 엄격함; 정상	
2) 도형 A의 위치	비정상: 가장자리의 1인치 이내 정상: 용지 상단 1/3 이내 중앙 배치: 10점	
3) 공간사용	비정상: 도형 간의 공간이 지나치게 좁거나 넓을 때	
4) 중첩	중첩: 극단, 보통, 중첩 있음 중첩경향: 3~8개 도형, 중첩경향 있음	
5) 용지회전	도형 전부; 3~8개 도형; 1~2개 도형	
6) 폐쇄곤란	A, 2, 4, 7, 8	
7) 교차곤란	6, 7	
8) 곡선곤란	4, 5, 6	
9) 각의 변화	2, 3, 4, 5, 6, 7	
10) 지각적 회전	A, 1, 2, 3, 4, 5, 6, 7, 8	
11) 퇴영	1, 2, 3, 5	
12) 단순화	A, 1, 2, 3, 5, 6, 7, 8	
13) 단편화	A, 4, 7, 8	
14) 중복곤란	A, 4, 6, 7	
15) 정교화	A, 1, 2, 3, 4, 5, 6, 7, 8	
16) 고집화	1, 2, 3, 5, 6	
17) 재묘사	A, 1, 2, 3, 4, 5, 6, 7, 8	

(danger signal)'이다.

성인을 위한 정신병리척도에서 허트가 제시한 징후(혹은 변인)들은 원래 정신분석이론에 기초를 둔 경험적·임상적 연구에 그 기원을 두고 있다. 1977년과 1985년에 개정된 정신병리척도에서는 조직(organization), 형태의 변화(changes in the form of the Gestalt), 형태의 왜곡(distortion of the Gestalt) 등 3개의 주요 유목으로 조직된 17개의 징후로 구성되어 있다. 크기와 운동에 관련된 징후들을 제외한 이유는 척도에 충분한 통계적 기여를 하지 못했거나 무선표집의 기록에서 척도에 포함되어야 함을 지지할 만큼 충분히 나타나지 않았기 때문이다. 개정된 정신병리척도의 채점 절차는 복잡한 것처럼 보일 수도 있으나 〈표 3-1〉의 채점기준표에 의해 단순화된다.

개정된 정신병리척도에서 17개의 징후는 모두 실시 순서에 따라 별도로 하나씩 채점하고, 징후마다 오류의 수인 원점수(raw score)를 계산하여 다시 척도가(score value)로 바꾸어 채점한다. 징후들의 최고 척도가는 10점이며, 단지 1개의 징후(도형 A의 위치)만이 3.25점이다. 각 징후는 오류의 수에 따라 각기 다른 부하점수가 주어지며 10점을 초과하지 않는다. 오류가 없을 때는 척도가 1점을 받는다. 따라서 최고 득점은 170점이고, 최소 득점은 17점이 된다. 각 징후는 원점수와 척도가를 할당받는다(〈표 3-2〉 참조). 오류는 채점기준표에 체크되며, 각 징후에 대한 오류의 총점이 작성된다. 그리하여 결과는 총점 척도가로 보고된다. 허트는 채점 요강을 제시하지 않았지만 그의 조작적 정의와 채점 기준은 미국심리학회(APA)로부터 인정을 받았다. 채점 항목인 17개의 징후에 대한 채점 준거와 그 임상적 의미는 다음과 같다.

표 3-2 정신병리척도의 채점 항목과 척도가

징후(변인)	척도가	징후(변인)	척도가	징후(변인)	척도가
1. 배열순서		7. 교차곤란		12. 단순화	
혼란, 상징	10.0	심함	10.0	심함	10.0
불규칙	7.0	보통	7.0	보통	7.0
아주 엄격함	4.0	경미	4.0	경미	4.0
정상	1.0	없음	1.0	없음	1.0
2. 도형 A의 위치		8. 곡선곤란		13. 단편화	
비정상	10.0	심함	10.0	심함	10.0
자기중심적	5.0	보통	7.0	보통	7.0
정상	1.0	경미	4.0	경미	4.0
3. 공간사용		없음	1.0	없음	1.0
비정상	10.0	9. 각의 변화		14. 중복곤란	
정상	1.0	5개 도형	10.0	심함	10.0
4. 중첩		4개 도형	8.0	보통	5.5
극단	10.0	3개 도형	6.0	없음	1.0
보통	8.5	2개 도형	4.0	15. 정교화	
중첩 있음	7.0	1개 도형	2.0	심함	10.0
극단적 경향	5.5	없음	1.0	보통	7.0
보통 경향	4.0	10. 지각적 회전		경미	4.0
경향성 있음	2.5	심함	10.0	없음	1.0
중첩 없음	1.0	보통	7.0	16. 고집화	
5. 용지회전		경미	4.0	심함	10.0
도형 전부	10.0	없음	1.0	보통	7.0
3~8개 도형	7.0	11. 퇴영		경미	4.0
1~2개 도형	5.5	심함	10.0	없음	1.0
회전 없음	1.0	보통	7.0	17. 재묘사	
6. 폐쇄곤란		경미	4.0	매우 심함	10.0
매우 심함	10.0	없음	1.0	심함	7.75
심함	7.75			보통	5.5
보통	5.5	전체 척도가		경미	3.25
경미	3.25	점수 = _____		없음	1.0
없음	1.0				

1) 조직에 관련된 요인

(1) 배열순서(sequence)

9개의 도형을 모사용지에 배열하는 순서의 규칙성을 말한다. 왼쪽에서 오른쪽으로 또는 위에서 아래로 배열하는데, 피검자가 정한 순서에 변화이탈(shift)이 나타날 때 이 항목을 채점한다. 도형을 오른쪽에서 왼쪽으로 또는 아래에서 위로 배열할 때 1회 변화이탈로 채점하고, 그 외에는 순서가 달라질 때마다 그 횟수를 계산한다. 배열순서의 득점은 변화이탈의 횟수를 합한 것이다. 배열순서의 하위 채점 항목에 대한 조작적 정의와 정신병리척도가(PSV)는 다음과 같다.

① 혼란된 혹은 상징적 순서: PSV = 10.0

　　도형 배열이 계획성 없이 엉망이 된 경우이거나 나선형과 같이

　　상징적인 배열일 경우

② 불규칙한 순서: PSV = 7.0

　　2회 이상 변화이탈이 있을 경우

③ 아주 엄격한 순서: PSV = 4.0

　　단 1회의 변화이탈도 없이 엄격한 순서를 지킨 경우

④ 정상적 혹은 엄격한 순서: PSV = 1.0

　　1회의 변화이탈이 있을 경우

예 1: 3회의 변화이탈

예 2: 1회의 변화이탈

예 3: 2회의 변화이탈

예 4: 2회의 변화이탈

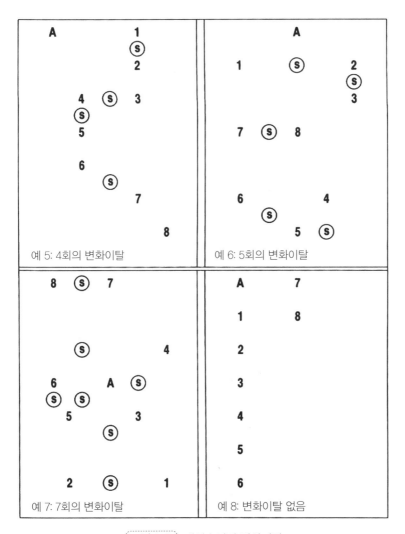

예 5: 4회의 변화이탈

예 6: 5회의 변화이탈

예 7: 7회의 변화이탈

예 8: 변화이탈 없음

그림 3-2 배열순서의 변화이탈

배열순서는 조직적 및 계획적 태도와 기능을 반영하는 것으로, 전형적인 개인은 심한 스트레스 상황이 아니라면 정상적인 순서를 사용하지만, 신경증 환자들은 불규칙적이거나 아주 엄격한 순서를 사용하는 경향이 있다. 상당히 강박적인 개인은 도형을 아주 정확한 순서로 배열하는 경향이 있고, 불안신경증과 흥분성 조현병이 심한 사람은 도형의 배열순서가 불규칙하고 아주 혼란한 경향이 있다. 혼란한 배열순서는 정서장애가 심한 개인의 지표가 될 가능성이 크다. 또한 불규칙적인 순서는 통제 결여의 지표이며, 양극성 기분장애의 특징일 수 있다. 허트(Hutt, 1977)는 검사자는 배열순서의 변화이탈이 나타날 때 불안, 분열 혹은 심지어 퇴행의 증거로 주목해야 한다고 논평하였다.

(2) 도형 A의 위치(position of the first drawing)

모사용지를 1매 사용하든, 2매 이상을 사용하든 도형 A의 위치를 어디에 그리느냐의 문제이다.

① 비정상적 위치: PSV = 10.0

도형 A의 어떤 부위가 용지의 어느 가장자리에서 1인치 이내에 들어 있을 경우

② 자기중심적 위치: PSV = 5.0

도형 A의 어느 부분이든 용지의 중앙 3인치 평방 이내에 들어 있을 경우

③ 정상적 위치: PSV = 1.0

도형 A가 용지 상부의 1/3 이내에 있고, 어느 부분이든 가장자

리에서 1인치 이상 떨어져 있을 경우

　도형 A의 위치는 검사 상황과 생활공간에 대한 개인의 방향을 나타내는 것이다. 도형 A를 용지의 중앙 가까이에 배치하는 것은, 특히 도형이 확대되어 그려질 때이며, 그것은 자기도취적, 자기중심적, 소극적 저항주의적인 인성 특성과 관련이 있다. 성인의 경우에 중앙 배치는 심한 정신병리의 지표가 될 수 있다. 소심하고 겁이 많은 사람은 용지의 상부 좌측 모서리에 배치하고 종종 도형을 작게 그리는 경향이 있다. 도형 A의 불규칙적인 혹은 이상야릇한 배치는 경우에 따라 강한 불안에 대한 일시적인 반응을 나타낼 수도 있지만, 그보다는 인성 조직의 심한 교란을 나타내는 경우가 더 많다 (Hutt, 1977).

(3) 공간사용(use of space)
　연속적인 혹은 인접한 도형 간의 크기를 말한다. 채점의 준거는 앞 도형과 다음 도형이며, 공간의 크기는 도형의 축으로 판단한다. 앞뒤 도형이 수평선상에 놓여 있으면 좌측 도형의 수평축의 크기를 고려하고, 앞뒤 도형이 수직선상에 놓여 있으면 윗 도형의 수직축의 크기를 고려한다. 좌측이든 상부든 두 도형 사이에 도형이 있다면 가까운 도형과 관련된 축을 고려해야 한다. 연속적인 두 도형 간의 공간이 앞 도형의 해당 축의 크기보다 1/2 이상 떨어져 있거나 1/4 이내로 좁으면 비정상적이다.

① 비정상적 공간사용: PSV = 10.0

앞뒤 도형 간의 공간이 비정상적으로 넓거나 좁은 것이며, 모든 도형의 배치상 이런 현상이 2회 이상 나타난 경우

② 정상적 공간사용: PSV = 1.0

앞뒤 도형 간의 공간이 지나치게 넓지도 좁지도 않은 경우

공간의 과도한 사용은 정서적 부적응을 나타내는 것이며, 적대적이고 과장적이며, 독단적인 특징의 행동과 관계가 있다. 압축된 공간사용은 수동적·퇴영적 행동 및 분열성적인 경향과 관계가 있다. 허트(Hutt, 1977)는 활동성 편집증의 성인들은 과도한 공간을 사용하고 도형을 작게 그리는 경향이 있어서 9개의 모든 도형을 용지의 일부분에만 그리며, 정신질환자는 그림과 그림 사이에 공간을 많게 그린다고 가정하였다.

(4) 중첩(collision)

한 도형의 주변이 다른 도형의 주변에 닿았거나 중첩된 것을 말한다. 그러나 만약 한 도형의 직선이나 원이 다른 도형의 여백 속에 들어 있으나 실제 중첩이 없으면 채점하지 않는다. 그것은 중첩경향으로 보고 해석한다.

① 극단적 중첩: PSV = 10.0   중첩이 3회 이상 일어났을 경우
② 보통의 중첩: PSV = 8.5   중첩이 2회 일어났을 경우
③ 중첩의 존재: PSV = 7.0   중첩이 1회 일어났을 경우
④ 극단적 중첩경향: PSV = 5.5   중첩경향이 3회 이상 일어났을 경우

⑤ 보통의 중첩경향: PSV = 4.0　　중첩경향이 2회 일어났을 경우

⑥ 중첩경향의 존재: PSV = 2.5　　중첩경향이 1회 일어났을 경우

⑦ 중첩 또는 중첩경향 없음: PSV = 1.0

허트와 브리스킨(Hutt & Briskin, 1960)은 이 현상을 연속적인 그림 간에 중첩되게 그리거나 거의 중첩에 가까운 중첩경향을 보이는 사람은 거의 항상 자아기능과 자아통제에 큰 장애를 보인다고 하였다. 허트(Hutt, 1977)는 이 현상은 비록 뇌손상이 없다고 하더라도, 사전 계획의 빈약성과 도형-바탕 관계의 곤란 및 극단적인 충동성을 반

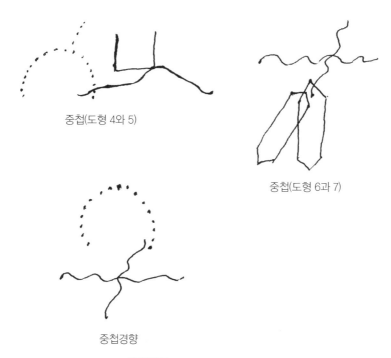

중첩(도형 4와 5)

중첩(도형 6과 7)

중첩경향

그림 3-3　중첩, 중첩경향의 예

영한다고 가정하면서 특별히 선택된 사람이 아니면 자주 나타나지 않으므로, 이 요인이 나타날 때 중요한 임상적 의미를 가질 가능성이 크다고 하였다. 행동 표출의 경향성을 가진 충동적이고 적대적인 사람들은 종종 중첩경향과 실제로 중첩을 나타낼 것이다. 하인(Hain, 1964)은 이 징후가 성인들의 뇌손상 측정을 위한 그의 척도에서 가장 변별력 있는 징후 가운데 하나임을 발견하였다. 아동들에게 있어서 중첩 혹은 중첩경향은 발달적 미성숙과 관련이 있다.

(5) 용지회전(shift in the position of the paper)

검사용지를 수직 위치에서 수평 위치로 회전(약 90° 정도로 회전)하는 것을 말한다. 회전 혹은 지각적 회전과 혼동해서는 안 된다.

① 모든 도형에 대한 용지회전: PSV = 10.0

② 3~8개 도형에 대한 용지회전: PSV = 7.0

③ 1~2개 도형에 대한 용지회전: PSV = 5.5

④ 용지회전 없음: PSV = 1.0

용지회전은 잠재적 또는 외현적인 소극적 저항 성질이 있고, 심한 불안이나 경조병(輕躁病)을 나타내는 사람들에게서 나타날 가능성이 크다.

2) 형태 변화와 관련된 요인

(6) 폐쇄곤란(closure difficulty)

한 도형 내의 여러 부분을 접촉시키거나 서로 근접되어야 할 그림을 접촉시키는 데 어려움을 말한다. 이러한 폐쇄곤란이 일어날 수 있는 도형은 A, 2, 4, 7, 8이다. 접촉의 문제는 도형 A에서 원이나 마름모를 완성시키는 것, 도형 2에서 원을 완성시키는 것, 도형 4의 두쪽 그림을 결합시키는 것, 즉 곡선과 위가 트인 정사각형을 결합시키는 것 그리고 도형 7과 8에서 두 부분을 결합시키는 문제와 관련해서 일어난다. 그 곤란점은 여러 가지 양태로 나타난다. 예를 들면, 접촉감이 떨어진다거나, 접촉점 안으로 너무 들어와 중첩되거나, 결합 지점에서 지우거나 고치거나 또 그 지점에서 선이 굵어지거나 다시 그리는 따위이다.

① 매우 심하다: PSV = 10.0   원점수 9 이상
② 심하다: PSV = 7.75   원점수 6~8
③ 보통이다: PSV = 5.5   원점수 3~5
④ 경미하다: PSV = 3.25   원점수 1~2
⑤ 없다: PSV = 1.0   원점수 0

폐쇄곤란은 특히 대인관계에 대한 불안과 상관이 있다. 폐쇄곤란이 간격으로 나타나면 그러한 왜곡은 위축성을 암시한다. 만약 형태의 접촉점에서 한 부분이 다른 부분 안으로 침입하여 중첩되었다면, 그것은 상당히 수동적이고 의존적인 욕구를 암시하는 것이다. 폐쇄

의 왜곡은 적절한 대인관계를 유지해 나가기가 곤란함을 암시한다.

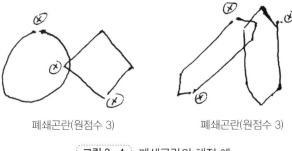

폐쇄곤란(원점수 3)　　　　　　폐쇄곤란(원점수 3)

그림 3-4　폐쇄곤란의 채점 예

(7) 교차곤란(crossing difficulty)

도형 6과 7에서 나타나는 교차 수행의 어려움을 말한다. 이것은 선이 서로 교차하는 지점에서 다시 그린다든지, 스케치한다든지, 지운다든지 또는 선을 지나치게 꾹 눌러 그린다든지 해서 나타난다. 도형 6의 두 곡선이 서로 접하지 않게 그렸을 때는 교차곤란으로 계산하지 않는다.

　① 심하다: PSV = 10.0　　　　　원점수 3 이상
　② 보통이다: PSV = 7.0　　　　　원점수 2
　③ 경미하다: PSV = 4.0　　　　　원점수 1
　④ 없다: PSV = 1.0　　　　　　　원점수 0

교차곤란 현상은 심리적 차단(psychological blocking)의 한 지표이며, 우유부단성 강박적 의심과 공포증과 같은 행동과 상관이 있다.

(8) 곡선곤란(curvature difficulty)

도형 4, 5, 6에서 곡선의 성질이 명백히 변화된 것을 말한다. 이러한 변화는, ⓐ 곡선의 폭이 증가하거나 감소할 때, ⓑ 곡선의 수직, 즉 못 모양의 선을 이루었을 때, ⓒ 곡선이 평평해졌을 때, ⓓ 곡선이 매우 고르지 못하거나 불규칙일 때, ⓔ 도형 4와 6에 있어서 만곡선의 수가 증가하거나 감소되었을 때 일어난다.

① 심하다: PSV = 10.0   원점수 3
② 보통이다: PSV = 7.0   원점수 2
③ 경미하다: PSV = 4.0   원점수 1
④ 없다: PSV = 1.0   원점수 0

곡선곤란은 정서적 혼란을 밝히는 데 매우 민감한 지표이다. 곡선도형은 개인의 정서적 자극을 나타내기 때문에 곡선의 변화는 정서표출의 변화를 나타낸다. 곡선 폭의 증가는 적대적인 행동 표출 및 정서 불안정과 관계가 있다. 반면에 우울성의 사람들은 곡선의 폭을 축소하여 그리는 경향이 있다. 곡선을 비슷하게 그려야 하는 어려운 과제에 대해 욕구좌절 인내성이 낮고 충동적으로 급히 서둘러 묘사하는 사람들도 역시 곡선의 폭을 축소하거나 단조롭게 그린다(Halpern, 1951; Prado, Peyman, & Lacey, 1960). 또한 곡선곤란은 열등한 정서 통제와 관계가 있으며, 소수의 신경증 성인 환자들을 대상으로 허트(Hutt, 1977)는 증가된 곡선은 증가된 정서와 관계가 있고, 반면에 다른 하위집단에서 감소된 곡선은 감소된 정서와 관계가 있음을 발견했다.

(9) 각의 변화(change in angulation)

도형 2, 3, 4, 5, 6, 7에서 각도가 15° 이상 커지거나 작아진 것을 말한다. 도형 2에서는 세로가 가로와 이루는 각이 15° 이상 변화를 이루면 채점되는 것이다. 도형 3에서는 점의 열들이 만드는 각도의 변화가 되며, 도형 4에서는 위가 트인 정사각형과 관련된 곡선의 각도가 되고, 도형 5에서는 깃이 수평과 이루는 각이 된다. 그리고 도형 6에서는 두 곡선이 교차되는 각이 되며, 도형 7은 두 그림의 교차각의 변화가 채점 기준이 된다. 이 요인의 점수는 각의 변화가 일어난 도형의 수이다.

① 5개의 도형: PSV = 10.0

② 4개의 도형: PSV = 8.0

③ 3개의 도형: PSV = 6.0

④ 2개의 도형: PSV = 4.0

⑤ 1개의 도형: PSV = 2.0

⑥ 없다: PSV = 1.0

각의 변화는 정서적인 통제 및 충동성의 통제 문제와 관계가 있다. 허트(Hutt, 1977)는 이 요인을 직각의 방향이 변화된 것을 의미하는 각의 증가는 정서의 증가와 관계가 있는 반면에, 뾰족한 각의 방향이 변화된 것을 의미하는 각의 감소는 정서의 감소와 관계가 있다고 보았다.

3) 형태의 왜곡과 관련된 요인

(10) 지각적 회전(perceptual rotation)

자극도형과 모사용지는 정상적인 표준 위치를 유지하고 있는데도 불구하고 모사된 도형은 그 주된 축이 회전된 것을 말한다. 이 요인은 앞서 언급한 용지회전과는 다르다. 이 요인에서는 도형의 한 부분만이 회전될 때(도형 5에서 깃의 회전이 있을 때처럼)는 채점하지 않는다. 마찬가지로 도형 2의 열 중 어느 일부분만이 회전된 경우에도 채점하지 않는다.

① 심한 회전: PSV = 10.0   80°에서 180°까지 회전이 생긴 경우
② 보통의 회전: PSV = 7.0   15°에서 79°까지 회전이 생긴 경우
③ 경미한 회전: PSV = 4.0   5°에서 14°까지 회전이 생긴 경우
④ 회전 없음: PSV = 1.0   4° 이상의 회전이 생기지 않은 경우

허트(Hutt, 1960, 1977)에 따르면, 지각적 회전은 대체로 어떤 다른 명백한 요인이 없으면 자아기능 수행에 심한 장애가 있거나 부적절하다는 것을 가리킨다. 아동들을 대상으로 연구한 클로슨(Clawson, 1959)은 심한 회전은 병리의 심각성보다는 반항적 경향성을 더 나타낸다는 것을 발견하였다. 성인들의 경우에 시계 방향으로의 경미한 회전은 우울 반응과 종종 관계가 있고, 시계 반대 방향으로의 회전은 반항적 경향성을 나타낸다. 지각적 회전은 정서적 요인 외에도 발달적 미성숙, 지적장애, 퇴행, 기질성의 지표임을 밝힌 연구가 많다.

(11) 퇴영(retrogression)

자극도형을 아주 유치한 형태로 모사한 것을 말한다. 퇴영의 가장 일반적인 형은 아주 잘 이루어진 원을 고리 모양으로 충동적으로 그려 버리는 경우(도형 2에서와 같이), 점 대신 대시로 그리는 경우(도형 1, 3, 5에서와 같이), 원 대신 점으로 그리는 경우(도형 2에서와 같이)이다. 퇴영 현상을 계산하는 기준은 각각의 그림에서 적어도 두 번 이상 그러한 현상이 일어나는 것으로 한다.

① 심하다: PSV = 10.0   3개 이상의 도형에서 일어날 경우
② 보통이다: PSV = 7.0   2개 도형에서 일어날 경우
③ 경미하다: PSV = 4.0   1개 도형에서 일어날 경우
④ 없다: PSV = 1.0

퇴영은 외상에 대한 비교적 심하고도 만성적인 방어 상태에서 일어나며, 어느 정도 자아통합과 자아기능 수행의 실패를 나타낸다는

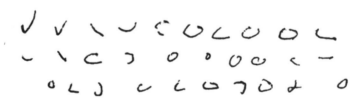

도형 1

도형 2

그림 3-5 퇴영의 예

것이 허트의 가정이다. 조현병을 가진 성인들은 인성의 분열 및 부적절한 보상 때문에 이러한 현상을 나타낼 수도 있고, 심한 불안과 비효과적인 방어를 가진 신경증 환자에게서도 이 현상이 일어날 수 있다.

(12) 단순화(simplification)

자극도형을 훨씬 단순화해서 그리는 것을 말한다. 도형 A의 두 부분을 접촉시키지 않을 경우, 도형 1, 2, 3과 5를 구성하고 있는 요소들의 수를 최소한 3개 이상 감소시키는 경우, 도형 6에서 곡선의 수를 감소시키는 것, 도형 7과 8의 부분을 사각형으로 그리는 경우 등이다. 단편화나 퇴영으로 채점될 때는 단순화로 채점하지 않는다.

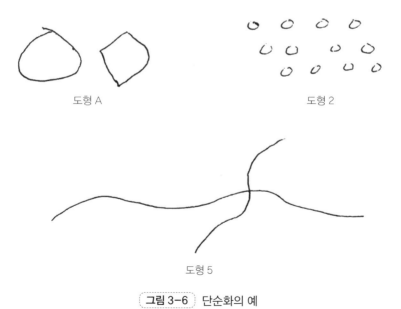

도형 A   도형 2

도형 5

그림 3-6 단순화의 예

① 심하다: PSV = 10.0   3개 이상의 도형에서 일어날 경우

② 보통이다: PSV = 7.0   2개 도형에서 일어날 경우

③ 경미하다: PSV = 4.0   1개 도형에서 일어날 경우

④ 없다: PSV = 1.0

단순화 현상은 과제를 완수하거나 사태를 다루는 데 필요한 에너지 소비의 감소를 나타내며, 충동 통제의 곤란과 관련이 있다. 일부 만성 조현병 환자들에게 있어서 이 징후가 나타나는 것으로 보고되고 있다.

(13) 단편화(fragmentation)

형태가 본질적으로 파괴된 것을 말한다. 단편화는 여러 가지 양태로 나타날 수 있는데, 가장 보편적인 것은, ⓐ 도형 모사를 분명하게 완성하지 못한 경우와, ⓑ 형태가 결합되어 있지 않고 부분 부분이 떨어져 있는 모양으로 모사되어 전체적인 형태가 상실된 경우이다.

① 심하다: PSV = 10.0   3개 이상의 도형에서 일어날 경우

② 보통이다: PSV = 7.0   2개 도형에서 일어날 경우

③ 경미하다: PSV = 4.0   1개 도형에서 일어날 경우

④ 없다: PSV = 1.0

단편화 현상은 심한 손상이 있을 때는 상당히 유의미하다. 단편화는 지각-운동기능 수행에 심한 장애가 있음을 반영하는 것이며, 추상능력과 통합능력의 저하와 관련이 있는 것으로 보인다. 허트

(Hutt, 1977)는 이 징후가 성인의 신경증 환자와 정신병 환자를 유의하게 변별해 줄 수 있다는 것을 발견하였지만, 아동들의 기록에서는 단편화가 잘 나타나지 않는다.

(14) 중복곤란(overlapping difficulty)

도형 7의 두 부분을 겹치는 것이 잘 안되는 것과 도형 A와 4의 두 그림의 접촉을 잘 못하는 특별한 곤란성을 말한다. 중복곤란으로 채점되는 경우는, ⓐ 도형 A와 4의 자극도형에서는 존재하지 않는 중복을 크게 겹친 경우와, ⓑ 도형 7에서 겹치는 지점에 어느 한쪽 그림의 여러 부분이 단순화되었거나 왜곡된 경우이다.

① 심하다: PSV = 10.0   2개 이상의 도형에서 일어날 경우
② 보통이다: PSV = 5.5   1개 도형에서 일어날 경우
③ 없다: PSV = 1.0

중복곤란은 기질적 뇌손상과 가장 밀접한 관계가 있는 것으로 보고되고 있다.

(15) 정교화 또는 조잡(elaboration or doodling)

너무 정교하거나 낙서하듯 되는 대로 그려서 그 모양이 크게 변해 버린 것을 말한다. 정교화는 고리 모양이나 깃을 더 붙인다든지, 선 또는 곡선을 더 그려서 형태를 변화시키는 것이다. 이 요인은 고집화와 구별되어야 한다.

① 심하다: PSV = 10.0   3개 이상의 도형에서 일어날 경우

② 보통이다: PSV = 7.0   2개 도형에서 일어날 경우

③ 경미하다: PSV = 4.0   1개 도형에서 일어날 경우

④ 없다: PSV = 1.0

허트는 이러한 현상이 충동 통제의 문제와 강한 외현적 불안과
관계가 있다고 가정하였다. 이 현상이 형태를 왜곡시키고 있을 때

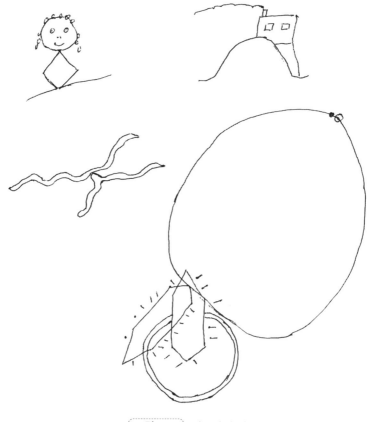

그림 3-7 정교화의 예

는 자아통제에 약간 심한 장애가 있는 지표로 볼 수 있다. 코피츠(Koppitz, 1975)는 '자발적 정교화'를 아동의 정서지표로서 첨가하였는데, 공포와 불안에 사로잡힌 아동들의 기록에서 이 현상이 나타났음을 발견하였다. 이 현상은 성인들에게 보다 중요한 것이며, 현실요인에 대한 통제의 상실 혹은 환상으로의 후퇴를 나타내는 것이다(Hutt, 1977).

(16) 고집화(perseveration)

앞 도형의 요소가 뒤 도형에 이용되는 고집경향 혹은 한 도형의 요소들이 자극도형에서 요구하는 한계 이상까지 그려 나가는 고집경향을 말한다. 즉, 앞 도형의 요소가 뒤 도형에 이용되는 a형의 고집화와 한 도형의 요소들이 자극도형에서 요구하는 한계 이상까지 그려 나가는 b형의 고집화이다. a형의 예를 들면, 도형 1에서 사용된 점을 도형 2에서 원 대신 점 그대로 나타내는 따위이다. b형의 예를 들면, 도형 1에서 자극도형에 있는 12개의 점 대신 14개 이상의 점이 나타나는 것이다. 또 다른 예는 도형 2에서 11개의 열 대신에 13개 이상의 원의 열을 이루는 것이다. 고집화의 출현을 채점하는 기준은 a형의 경우에 고집화된 요소가 2개 이상 일어나는 것이고, b형의 경우에는 2개 이상의 고집화된 요소가 첨가되는 것이다.

① 심하다: PSV = 10.0   3개 이상의 도형에서 일어날 경우

② 보통이다: PSV = 7.0   2개 도형에서 일어날 경우

③ 경미하다: PSV = 4.0   1개 도형에서 일어날 경우

④ 없음: PSV = 1.0

심한 고집화는 성인들의 기록에서 거의 항상 특유한 징후이며, 기질성 환자와 악성 조현병 환자들의 기록과 밀접한 관계가 있다 (Hutt, 1977). 고집화는 장면(set)을 변화시킬 능력의 부족이나 이미 설정된 장면을 유지하려는 완고성을 나타내는 것 같다. 어떤 경우이든 그것은 자발적이며, 적응적인 자아통제가 상당히 저하된 정도를 반영하며, 현실검증기능의 저하 때문에 강화되는 것으로 보인다. 또한 고집화는 강력한 기질적 징후로서 간주되고(Hain, 1964; Mosher & Smith, 1965), 뇌손상의 지표로 다루어지기도 한다(Koppitz, 1975).

(17) 재묘사(drawing of the total figure)

첫 번째의 묘사 시도가(반드시 그림 전체를 다시 그리는 것을 포함하는 것은 아니다) 완전히 지워지지 않고 그대로 있거나 혹은 줄을 그어 지워 버리고 도형을 다시 그리는 것을 말한다.

① 매우 심하다: PSV = 10.0   4번 이상 일어날 경우
② 심하다: PSV = 7.75   3번 일어날 경우
③ 보통이다: PSV = 5.5   2번 일어날 경우
④ 경미하다: PSV = 3.25   1번 일어날 경우
⑤ 없다: PSV = 1.0

재묘사는 적절한 사전계획능력의 부족과 이에 더불어 지나친 자기비판적 태도와 관계가 있다. 허트(1977)는 이 현상이 한 번 나타나면 현재 높은 수준의 불안만을 가리키지만, 한 번 이상 나타나면 임

상적으로 대단히 의미 있는 것이라고 주장하였다.

3. 라이헨베르크-라파엘의 해석체계

정신건강 전문가인 노먼 라이헨베르크와 앨런 J.라파엘(Norman Reichenberg & Alan J. Raphael, 1992)은 다년간의 임상 경험과 BGT 해석체계에 대한 라이헨베르크-라파엘(R-R)의 타당화 연구를 토대로 성인과 아동을 위한 정신역동적 해석체계를 수립하여 BGT에 대한 통찰력 있고 독특한 접근법을 제시하였다. 이 체계는 기본적으로 범이론적(pan-theoretical)이고 절충적이며, 정신역동적 사고를 통해 발전해 온 초기 이론가들의 연구와 인간행동의 이해를 기반으로 하고 있다.

이 해석체계에서는 41개 항목의 평정척도와 각각의 도형을 중심으로 112개 항목의 채점도구를 담고 있다. 라이헨베르크와 라파엘에 따르면, 각 도형은 투사적 해석의 근거와 임상 특징을 반영하고 있으며, 그에 따른 채점 항목을 갖고 있다. 이 채점 항목을 중심으로 그에 따른 임상적 해석에 대해 정리해 보면 다음과 같다.

1) 전체 도형에 대한 채점 항목과 해석

채점 항목	해석
1. 9개 도형을 용지 가장자리에 그림 (1/4 이내)	특정 도형에서 환경적 제한을 필요로 함/찾음: 반사회적 태도, 정신증
2. 도형을 용지 밖으로 그림	정신증
3. 모든 도형을 용지 상단의 1/3 지점에 그림	인위적 충동 통제, 반사회적 태도, 압박을 행동으로 전환, 자아 결함
4. 도형을 용지 오른쪽에 그림	거부적, 반항적, 반사회적
5. 2개 이상의 도형을 충돌하여 그리거나 거의 충돌함	충돌하는 도형의 영역을 강조하는 병적 측면, 정신증, 조현병의 형태

2) 각 도형별 채점 항목과 해석

(1) 도형 A

도형 A를 부모 카드라고 부른다. 생물학적 부모에 제한되어 있는 것만이 아니라 사회적 성과 관련된 심리적 부모를 나타낸다. 실제로 조부모나 부모 역할을 하는 다른 형제가 심리적 부모가 될 수 있다.

채점 항목	해석
6. 원을 마름모보다 위에 그림	여성/어머니 주도, 심리적 부모상
7. 마름모를 원보다 위에 그림	남성/아버지 주도, 심리적 부모상
8. 원과 마름모의 높이가 같음	둘 다 주도하지 않음, 심리적 부모상
9. 도형이 잘 닿음	부부간 친밀
10. 마름모가 원에 관입	부부 갈등, 언어 그리고/또는 신체 학대
11. 한 도형이 떨어져 나간 것처럼 보임	부부간 긴장

12. 도형이 떨어져 있음	부모의 무관심
13. 불완전한 원(선이 겹치고, 끊어지고, 튀어나오고, 선 끝이 맞지 않음)	여성/어머니상의 불충분한 양육
14. 불완전한 마름모(선이 겹치고, 끊어지고, 튀어나오고, 선 끝이 맞지 않음)	남성/아버지상의 불충분한 양육
15. 원을 그린 선이 바닥에 튀어나옴 (꼬리)	거세된, 지배적인 여성/어머니상
16. 마름모에 뾰족한 곳이 있음	남성/아버지상에서 분노가 두드러짐
17. 도형 A를 용지 가운데에 그리고, 다음 도형을 아래에 그림	(성인 피검자만) 중요한 부모상에 의존
18. 도형 A를 용지 가운데에 그리고, 다음 도형을 위나 옆에 그림	(성인 피검자만) 부모가 관여한 혼란에 압도
19. 원을 그린 선의 음영이 일정하지 않음(진했다가 옅었다가, 옅었다가 진했다가)	여성/어머니상이 불안정
20. 마름모를 그린 선의 음영이 일정하지 않음(진했다가 옅었다가, 옅었다가 진했다가)	남성/아버지상이 불안정
21. 원을 마름모보다 진하게 그림(마름모는 적당히 진하게 그림)	여성/어머니상에 대한 적대감
22. 마름모를 원보다 진하게 그림(원은 적당히 진하게 그림)	남성/아버지상에 대한 적대감
23. 마름모를 그리지 못함	기질적 뇌손상, 뇌기능장애

(2) 도형 1

도형 1은 피검자의 충동통제력을 반영한다. 왼쪽에서 오른쪽으로 그린 점은 인생선을 의미한다.

채점 항목	해석
24. 점이 12개 이하	약한 충동통제력
25. 점이 12개 이상	통제에 집착
26. 선이 용지 밖으로 나감	통제에 대한 정신병적 집착
27. 선이 아래쪽으로 향함	우울의 진행
28. 선이 위쪽으로 향함	행동화 가능성
29. 선의 기울기가 위아래로 변함(물결 모양)	충동통제력 부족
30. 점을 원으로 그림	정서적 퇴행, 의존 욕구, 분노
31. 점을 쌍으로 그림	강박적·편집증적 압박
32. 점 사이에 간격 또는 공간	심리적 분열
33. 선이 일정하지 않음(어떤 것은 굵고 어떤 것은 얇음)	충동통제력이 약함
34. 선이 뚜렷함(굵고 진함)	분노가 충동통제력을 넘어섬
35. 선이 뚜렷하지 않음(희미하고 옅음)	수동적이고, 꺼려하고, 감정을 드러내지 않고, 순종적

(3) 도형 2

도형 2는 의식적인 감정, 불만족, 불쾌감을 반영한다.

채점 항목	해석
36. 원 배열선의 하향 기울기	자신에 대한 의식적 불만
37. 원 배열선의 상향 기울기	변덕스러움, 신경질적, 외현적, 감정에 대한 과장된 표현
38. 원 기둥의 바깥 기울기 상실	의식적 우울
39. (상승하는) 선을 지우고 재묘사	자기교정을 행동화할 수 있는 능력

40. (상승하는) 선을 교차하고 재묘사	자기불만, 우울의 진행
41. 점 사이가 불균형적으로 넓은 간격	해리
42. 채워진 원	분노 표현
43. 3개의 원 수직선에 네 번째 원이 추가됨	급성 조현병 과정
44. 원 기둥의 극단적 바깥 기울기	의식적 자기불만, 심한 우울, 관념 혼란
45. 자극도형보다 큰 원(들)	과장된 의존
46. 서로 접촉하는 원	과장된 의존, 과장된 분노와 정서 혼란

(4) 도형 3

도형 3은 점으로 된 화살표 모양으로, 피검자가 적대감과 성적 관심을 어떻게 다루는가를 반영한다. 성학대 같은 성적 혼란과 가학성-피학성은 이 도형을 보고 해석할 수 있다.

채점 항목	해석
47. (여성 피검자만) 점이 원으로 퇴행	남성과 성관계에 대한 비호감, 아버지에 대한 분노
48. (여성 피검자만) 지워지고 축소된 모양	삽입에 대한 병리적 관심과 공포
49. (남성 피검자만) 점이 원으로 퇴행	아버지에 대한 분노, 관념 혼란과 퇴행, 성적이고 공격적인 추동과 분리되지 못함
50. (남성 피검자만) 지워지고 축소된 모양	어머니와 충분하지 못한 분리, 성행위 능력에 대한 관심

51. 16개 이상으로 점을 그림	성기능의 적대감과 분노
52. 16개 이하로 점을 그림	성적 공격성의 부인과 거부
53. 가장 긴 열에서 7개보다 적거나 많은 점(화살표 뒤쪽에 7개의 점으로 된 열)	의식 수준에서 감춰지거나 부인된 분노
54. 열 사이의 두드러진 공간(특히 화살표 앞과 뒤)	한 번 부정되었던 강렬하고 숨겨진 분노 반응의 통제
55. 곧지 않은 중간 열	기질적 뇌손상 가능성

(5) 도형 4

도형 4는 대인관계 및 부모상으로부터의 분리와 개별화를 반영한다. 위가 트인 정사각형은 남성성에 대한 상징이고, 곡선은 여성성에 대한 표상이다. 여기서는 더 크게 그린 도형을 지배적인 성으로 본다.

채점 항목	해석
56. (여성 피검자만) 상자와 곡선의 겹침	남자에 대한 비호감, 통제 또는 언어적/신체적으로 학대하는 경향, 정체성 혼란, 자기혐오, 공격적 아버지와 동일시
57. (여성 피검자만) 상자의 수평선 아래 곡선 또는 부분적 곡선	유혹적인, 성기능 부전, 여성성 강조, 수동성
58. (여성 피검자만) 상자의 오른쪽 수직선 가까이에 그린 곡선	강한 분노, 다른 여성을 불신하고 경쟁적임
59. (여성 피검자만) 도형 A와 마찬가지로 필압이 진함	강한 분노, 종속 역할을 유지하는 것의 무능력

60. (여성 피검자만) 상자의 둥근 모서리	남성의 여성화 또는 폄하
61. (여성 피검자만) 자극도형보다 크게 그려진 곡선	성을 지배하는 여성/어머니상, 지배적
62. (여성 피검자만) 자극도형보다 크게 그려진 상자	성을 지배하는 남성/아버지상, 종속적
63. (남성 피검자만) 상자와 곡선이 겹침	여성을 위협으로 지각, 여성에게 지배
64. (남성 피검자만) 곡선을 관통하는 상자	여성에 대한 비호감, 언어적 또는 신체적으로 상처를 주려고 함, 허위로 남성성을 사용, 여성에게 남성다움을 강조, 남성성을 적절한 방법으로 표현하는 데 혼란된 정체성, 난잡, 동성애에 대한 공포
65. (남성 피검자만) 상자의 왼쪽보다 높은 오른쪽 수직선	
66. (남성 피검자만) 곡선을 상자의 수평선 아래에 그림	
67. (남성 피검자만) 상자의 선이 곡선보다 짙음	
68. (남성 피검자만) 자극도형보다 크게 그려진 곡선	
69. (남성 피검자만) 자극도형보다 크게 그려진 상자	
70. 도형 간 분리	대인관계 곤란, 불신, 편집증, 중독 경향
71. 상자의 한쪽 또는 양쪽이 안쪽으로 기울어짐	압박, 정서적으로 인색한 남성/아버지상
72. 곡선의 한쪽 또는 양쪽이 안쪽으로 기울어짐	압박, 정서적으로 인색한 여성/어머니상

(6) 도형 5

도형 5는 가슴/남근상의 상징으로 의존성과 성적 압력을 평가하는데 유용하다. 피검자와 여성/어머니상과의 관계에 대한 정보를 준다. 피검자가 여성일 경우에는 일반적으로 어머니와 특수하게는 남성과의 관계에 관한 정보가 나타난다. 7개의 점으로 기울어진 직선은 남근상이다. 점으로 된 반원형의 도형은 가슴을 상징한다. 정신병질, 사회병질, 조현병의 특성이 이 도형 모사를 통해 잘 나타난다.

채점 항목	해석
73. 7개 이하의 점으로 구성된 직선(성기 상징 도형)	관입 불안, 가학성-피학성, 거세, 남성적인 여성
74. (남성 피검자만) 7개 이하의 점으로 구성된 직선(성기 상징 도형)	능력 부족, 수동적, 발기불능, 자존감 저하
75. 반원 왼쪽의 첫 번째 점 상실(그리고/또는 첫 번째 점의 상실로 인해 한쪽으로 치우친 반원)	생애 첫해에 어머니와의 불충분한 양육, 조현병 그리고/또는 양극성 기분장애
76. 반원에서 점 간의 분리	어머니로부터 분리, 악화, 정신적 외상
77. 점을 원으로 퇴행(이전에 이 도형에서 지워진 시도까지 포함하여)	정신증, 중독 경향
78. 가슴/음경 상징으로 11, 12번째 점 간의 교차 지점으로부터 이탈(왼쪽에서 오른쪽으로)	사춘기 문제, 추행을 포함하는 성적 외상 가능성
79. 하나 또는 두 도형에서 점 대신 대시로 그림	의존성 악화, 성적 회피, 신경성 식욕부진
80. 도형의 회전	왜곡, 비정상적 의존 욕구, 정서적 혼란

(7) 도형 6

도형 6은 정서와 적대감의 전반적 장해 정도를 평가하는 데 유용하다. 수평 물결선은 피검자가 정서를 어떻게 다루는가를 평가하는 데 도움이 된다. 수직 물결선은 분노평가에 사용되는데, 수직 물결선이 수평 물결선의 어디에서 어떻게 교차되는지가 중요하다.

채점 항목	해석
81. 수직선과 수평선이 중심의 오른쪽, (그리고) 아래에 교차(바깥쪽과 아래)	심한 우울, 정신증 과정, 조현병
82. 수직선과 수평선이 중심의 오른쪽, (그리고) 위에 교차(바깥쪽과 위)	약해진 초자아, 불완전한 자아, 행동화, 정서적 혼란, 성격장애(정신증에 비례하는 것일지도 모르는)
83. 수평선과 수직선이 중심의 왼쪽, (그리고) 아래에서 교차함(안쪽과 아래)	성 또는 분노의 억제, 건망증, 꾸민 듯한, 히스테리
84. 수평선과 수직선이 중심의 왼쪽, (그리고) 위에서 교차함(안쪽과 위)	우울, 자벌, 자살, 살인, 행동화
85. 수평선의 급격한 상승	행동화, 정서적 혼란
86. 수평선의 급격한 하강	과장된, 기분부전 경향
87. 수평선이 수직선보다 연함	정서 억제
88. 수평선이 수직선보다 진함	정서 중심
89. 하나 또는 두 개의 선에서 뾰족한 곡선	기질적 뇌손상 가능성
90. 수평선 삭제	정서 강화, 정서적 혼란
91. 수직선 삭제(지운 흔적)	분노 강화

(8) 도형 7

도형 7은 청소년과 성인의 성적 관심을 반영한다. 이 도형은 신경적 손상이나 기질적 뇌손상에 대한 자료도 제공하지만, 성기능과 기능 장해를 먼저 해석한다.

채점 항목	해석
92. 파선, 납작한 도형, 곡선 모양의 끝 또는 각의 상실	기질적 뇌손상 가능성
93. 파선	성적 혐오, 의식에서 성 관념의 혼란 그리고/또는 성기능 붕괴
94. 도형이 겹쳐지지 않음(전체 또는 불충분하게)	남성의 거세불안, 성적 두려움
95. 도형이 과도하게 겹침	리비도 관념에 몰두, 일차 과정 가능성(조현병)
96. 도형을 제시 자극보다 작게 또는 크게 그림	성기능 그리고/또는 성관념이 위협적, 성적 압력, 성적 행동화
97. 지운 흔적	관입 불안
98. 지나치게 지운 흔적(하나 또는 두 도형 모두 삭제)	성적 혼란, 정신병
99. 도형을 독립된 용지에 그림	성적 본질에 의해 강한 불안감을 일으킴, 심리적 미성숙, 성 관념에 대한 회피
100. 희미한 선	성적 회피, 성기능 부전, 미성숙, 사춘기 심리성적 고착
101. 어두운 선 그리고/또는 어둡고, 날카로운 끝	공격성 그리고/또는 가학 경향, 성과 공격성의 결합, 성적 외상 가능성, 성폭행
102. 일관성 없는 선의 질(어둡고 희미한 선)	성적 외상

(9) 도형 8

도형 8은 심리성적 성숙을 나타낸다. 중앙의 다이아몬드는 여성의 성기를, 그리고 바깥 도형은 남성의 성기를 상징하는 것으로 해석된다. 주로 청소년과 성인에게 적용된다.

채점 항목	해석
103. (여성 피검자만) 외부 도형을 제시 자극보다 작게 그림	이성애적 행동에 대한 의식적 반감 그리고/또는 성정체감 장애
104. (여성 피검자만) 중앙의 다이아몬드가 바깥 도형의 선을 넘어서 확대	이성애적 행동에 대한 두려움 또는 불쾌감 상실
105. (남성 피검자만) 외부 도형을 제시 자극보다 작게 그림	성기능 부전, 기능장애 염려
106. 파선	성과 공격성에 대한 혼동을 포함하는 성적 혼란, 성적 외상 가능성
107. 도형을 제시 자극보다 크게 그림	성적 집착, 조현병 가능성
108. 외부 도형에서 물결 모양, 곡선	낮은 욕구좌절 인내성, 자기모욕
109. 외부 모양의 연장	관념 혼란, 성기능을 포함하는 공격적 관념화
110. 얇은 선	관입 불안, 소통에 대한 두려움
111. 선의 음영, 어두운 혹은 과장된 접점	성과 공격성의 결합, 성적 혼란, 성적 외상 가능성
112. 파선 그리고/또는 둥근 모서리	기질적 뇌손상 가능성

제2부

BGT에 대한 페르티코네의 질적 해석

❋ 제**4**장 질적 해석을 위한 실시 절차

❋ 제**5**장 임상적 · 투사적 해석의 기초

❋ 제**6**장 도형의 상징적 의미와 해석적 가정

❋ 제**7**장 언어적 연상의 해석

❋ 제**8**장 사례연구

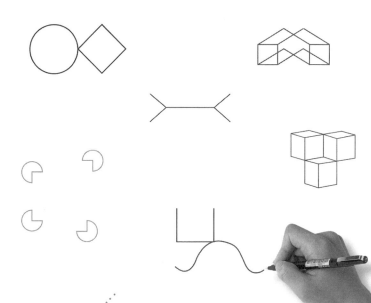

제**4**장

질적 해석을 위한 실시 절차

1. BGT에 대한 페르티코네의 관점

BGT가 1938년에 벤더에 의해 개발된 이래로 많은 채점 방법이 개발·제시되어 왔다. 이 중에는 객관적 채점 방식에 의한 양적 접근도 있고 주관적인 임상적 판단에 의한 질적 접근도 있지만, 대부분은 피검자가 모사한 그림이 BGT 자극카드의 도형과 다르게 왜곡, 이탈되었는지 혹은 오류를 범했는지에 관심을 두고 채점하고 있다.

그러나 심리학자로서 풍부한 임상 경험과 인성 역동에 대한 해박한 이해를 바탕으로 BGT 연구와 교육에 몰두해 온 유진 X. 페르티코네(Eugene X. Perticone)는 BGT의 투사적 성질을 최대한 살려 피검자의 심리역동성과 인성기능을 분석하고 임상적 해석을 하기 위해서는 왜곡(이탈, 오류) 그 자체가 피검자에 대해서 무엇을 시사해 주는지에 관심을 기울여야 한다고 주장하였다(Perticone, 1998). 이를 위해서 피검자의 모든 수검행동을 관찰해야 하고, 각 도형은 피검자의 특별한 내적 혹은 외적 경험의 영역을 상징화하는 잠재성을 가지고 있기 때문에 BGT의 각 도형이 함축하고 있는 상징적 의미를 파악해야 한다는 것이다.

임상 실제에서 수십 년 동안 BGT를 사용해 온 페르티코네는 BGT가 환자/내담자에 관한 중요한 정보를 제공해 준다는 점과 진단도구로서의 편리성을 갖고 있다는 점에 대해 매우 고무되어 왔다. 그는 BGT가 실시하기 매우 쉽고, 검사 실시에 소요되는 시간이 비교적 짧고, 단독으로 혹은 다른 검사 배터리와 함께 사용될 수 있으며, 지각-운동 발달과 그 능력을 측정하는 데 사용될 뿐만 아니라 인성의 역동과 기능을 평가하는 데 편리하고 유용한 수단으로 사용될 수 있다는 점에 매력을 느꼈다.

페르티코네는 피검자의 관찰된 언어적 및 비언어적 행동이 무엇을 시사하는가에 대해 임상적으로 유용한 가설을 세우고, 검사 상황에서 피검자의 행동을 관찰할 수 있는 방법을 제시하였다. 그리하여 그는 임상평가에 있어서 BGT가 양적 접근뿐만 아니라 질적 분석이 가능하고 중요하다는 것을 보여 주었다. 여기서 질적이라 함은 피검자가 모든 측면의 검사 반응에 있어서 언어적으로나 비언어적으로 자신의 독특성을 표현한 방식이나 특징에 대해 검사자가 체계적으로 관찰하고 해석하는 것을 말한다.

행동은 부적응 문제 중에 중요한 부분을 차지할 뿐만 아니라 거의 모든 부적응의 문제가 행동을 통해 드러나든지 행동에 영향을 준다.

이런 점에서 행동관찰은 중요하면서도 직접적인 평가 과정이다. 검사 과정에서 보이는 행동은 평가하고자 하는 대상의 실제 속성에 가장 근접하고 직접적인 자료라는 점에서 평가 자료로서의 가치가 매우 크다. 일반적으로 검사 상황에서 보이는 피검자의 행동은 일상적인 생활에서의 행동을 잘 대표한다. 따라서 검사장면에서 보이는 피검자의 특징적인 행동은 일상생활에서의 대인관계 상황, 압력과 긴장 상황 그리고 과제와 문제의 해결 상황에서의 행동을 추측해 볼 수 있는 중요한 자료가 된다(김재환 외, 2014). 이런 점에서 검사자가 검사 상황에서 보이는 피검자의 언어적 및 비언어적 행동을 관찰하고 그것이 무엇을 함의하는지를 투사적 · 임상적으로 해석하는 페르티코네의 질적 접근은 유용하고 타당한 방법이라고 할 수 있다.

2. 다면적 실시 절차

페르티코네의 질적 해석에 의한 방법은 전통적 방식의 모사(copy)에 의한 단계뿐만 아니라 자유연상(free-association)에 의한 단계 그리고 선택적 연상(selective-association)에 의한 단계 순으로 다면적 절차에 의해 이루어진다. 다면적 실시 절차는 투사적 혹은 질적 관점을 강조하는 자유연상단계와 선택적 연상단계를 더 첨가함으로써 많은 검사자가 이미 익숙해져 있는 수량적 채점 방법에서 추구하는 그 이상의 정보를 얻는 데 목적이 있다. 세 단계의 실시 과정을 거침으로써 BGT는 개인의 심리신경적 상태와 성숙 수준은 물론 인성 역동에 관한 의미 있는 가설을 형성할 수 있는 다차원적 평가도구가 된다.

1) 모사단계

BGT 실시에 있어서 첫 번째 절차는 전통적인 모사단계를 말하며, 제2장에서 설명한 일반적이고 표준적인 실시 방법과 유사한 지침을 따른다. 적절한 친화감이 형성된 다음에 피검자에게 줄이 없는 21.59 × 27.94cm 크기의 흰 종이(모사용지) 한 장과 지우개 달린 HB 연필 한 자루를 준다. 그리고 피검자가 쉽게 이용 가능하도록 여분의 모사용지를 책상 위에 준비해 둔다. 그런 다음에 피검자 앞에 순서대로 깔끔하게 뒤집어 쌓아 올린 9매의 카드를 놓아두고, 각 카드에는 배부해 준 흰 종이에 모사해야 할 도형이 그려져 있다는 것을 말해 준다. 검사자는 순서대로 자극카드를 모사용지보다 위에 놓고서는 "여기에 당신이 모사해야 할 그림이 있습니다. 이들 카드의 각각에서 당신이 본 것을 그대로 그리세요."라고 말한다.

피검자가 도형 A를 다 그린 후에는 도형 1의 뒤집어진 카드를 바로 놓고 그리도록 한다. 이런 식으로 9매의 도형을 모두 모사하게 한다. 질문에 대해서는 단지 일반적인 말로 혹은 원래의 지시사항과 관련 있는 부분만을 반복함으로써 대답한다. 예를 들어, "더 크게 그려도 됩니까?" 혹은 "모든 점을 다 그려야 합니까?"라는 질문에 대해서 검사자는 카드를 가리키면서 "이 카드에 있는 그림과 똑같이 그리세요."라고 말함으로써 반응한다. 만일 피검자가 "모사용지를 여러 장 사용해도 됩니까?"라고 질문하면 "당신 좋을 대로 하세요."라고 대답한다.

검사자는 그리는 과정뿐만 아니라 모든 언어적 · 비언어적 표현을 포함한 피검자의 행동을 주의깊게 관찰하면서 대체로 침묵을 유지해야만 한다. 언어적·비언어적 표현이 있을 때는 그것이 도형을 그리는 과정과 관련이 있든 없든 간에 기록해 둔다. 또한 9개의 도형을 모두 그리는 데 소요된 전체 시간을 기록해 둔다. 모든 도형을 다 그린 후에는 검사자의 판단에 따라 한계음미(testing-of-the-limits) 절차가 채택될 수도 있다. 한계음미 절차는 BGT의 도형 모사에서 나타난 해석이 모호하여 확증을 얻기가 어려울 때, 이 해석과 관련된 도형을 다시 모사시켜서 정확한 의미를 얻으려는 방법이다. 일반적으로 한계음미 절차는 모사에서 나타난 오류의 이상하고 특이한 특징을 피검자가 인식하고 있는지의 여부에 대해서 의심이 가거나, 피검자가 도형들을 보다 정확하게 모사할 수 있는지의 여부에 대해서 확실히 해 두는 것이 필요하다고 여길 때 행한다. 그러나 그렇게 해야 할 합당한 이유가 없으면 한계음미 절차를 행하지 않는다.

2) 자유연상단계

검사 실시의 두 번째 절차인 자유연상단계에서 검사자의 의도는 피검자로 하여금 자신의 독특한 지각과 역동에 기초하여 상당히 자유롭게 반응하도록 함으로써 BGT의 도형에 대한 언어적 연상을 이끌어 내기 위한 것이다. 이러한 이유 때문에 검사 지시는 피검자가 어떻게 해야 하는지 알면서도 무엇을 제시해야 하는지를 알지 못하도록 가능한 한 일반적 혹은 모호한 방식으로 주어진다.

실시 첫 절차인 모사단계가 끝나면, 검사자는 피검자에게 협조해 주어 고맙다는 말을 전하면서 도형들이 그려진 모사용지를 치워 챙겨 둔다. 이때 연필과 여분의 모사용지들도 치운다. 그런 다음에 검사자는 9매의 카드를 모아 도형 A가 제일 위에 가도록 순서대로 정리하여 책상에 놓는다. 그리고는 피검자에게 "당신이 해야 할 또 다른 일이 있습니다. 도형들을 다시 보여 드릴 테니 이번에는 당신의 상상력을 이용하여 각 도형이 당신에게 무엇을 생각나게 하는지 혹은 각 도형이 무엇을 나타내는지를 말해 주세요."라고 말한다.

검사자는 피검자에게 도형 A를 건네주면서 "이 도형은 당신으로 하여금 무엇을 생각나게 합니까? 이 도형을 보면 무엇이 생각납니까?"라고 말한다. 만일 피검자가 어떻게 하라는 것인지 잘 모르는 것 같으면, 검사자는 "그저 당신의 상상력을 이용하세요. 상상을 해 보면 이 도형이 당신으로 하여금 무엇인가 생각나게 할 것입니다. 당신이 이 도형을 볼 때 생각나는 것이 무엇입니까? 이 도형은 무엇과 같이 보입니까?"라고 말하여 피검자가 대답하도록 유도하고 격려한다.

이와 같이 지시한 후 검사자는 피검자의 반응을 기다리고, 반응을 보이면 축어적으로 기록해 둔다. 카드를 쥐고 있는 위치와 피검자의 최초반응시간(Initial Reaction Time: IRT)은 연상을 위해 기록해 두어야 한다. 최초반응시간이란 자극카드의 제시와 자극카드에 대해 보인 반응 사이에 걸린 시간을 말한다. 그리고 자극카드에 대해 보인 반응이란 연상 그 자체에 대한 언어적 반응을 가리키며, "야, 이것 재미있는데."라든가 "음, 이것에 대해 생각해 보자."와 같은 예비발언(preliminary remarks)을 가리키는 것은 아니라는 점이다.

만일 도형 A에 대해 피검자가 한 가지 반응을 보이면, 검사자는 "그 외에 또 생각나는 것은 무엇입니까?"라고 질문할 수도 있다. 그리고 피검자가 어떤 도형에 대한 연상(연합)을 제공하지 못하거나

"아무 생각도 안 나는데요."라고 말하면, 검사자는 다시 생각해 보라고 격려해야 한다. "당신의 상상력을 이용하세요. 그리고 생각나는 것이 무엇이든 간에 상관없이 나에게 말해 주세요."라고 점잖게 말하는 것이 반응을 이끌어 내거나 떠오른 어떤 생각이나 이미지를 말하기 위한 저항감을 없애는 데 큰 도움이 된다.

간혹 피검자의 연상이 모호하거나 연상을 완성하지 못하는 경우가 있다. 또한 피검자의 반응이 보다 깊은 탐색의 가치가 있는 임상적인 중요성 내지는 함축성을 가지고 있는 경우가 있다. 이때는 조심스럽게 탐색(Quest: Q)이 이루어져야 한다. 탐색 절차의 예를 제시하면 다음과 같다.

(도형 3에 대한 연상)

피검자: (속삭이는 말로) 이것은 기울어진 크리스마스트리 같아요.

검사자: (Q) 기울어진 것처럼 보인다고요?

피검자: 예. 나는 그것을 바라볼 때 매우 슬픔을 느껴요.

이 예에서 기울어져 있는 나무에 대한 연상은 피검자의 나지막한 목소리와 관련해 볼 때 그의 어떤 중요한 경험을 상징적으로 표현하고 있다고 생각되어 탐색이 이루어진 것이다.

(도형 7에 대한 연상)

피검자: 우유가 약간 든 상자가 생각나요. 상자의 밑은 불룩하고, 왼쪽에 있는 상자는 기울어져 있어요.

검사자: (Q) '밑은 불룩하고'라고 말했는데, 그것을 설명해 주십시오.

피검자: 폭발 직전이기 때문에…… 더 이상 서 있을 수 없기 때문
에…… 불룩해요…….

이 예에서 피검자가 선택한 단어 '불룩하고'에 대해서 탐색이 이루
어졌다. 왜냐하면 그 의미가 검사자에게 분명하지 않았기 때문이다.
그것을 명료히 하고자 할 때 피검자는 단어의 정의보다는 긴장이나
충동의 경험을 투사하는 경우가 많다.

검사 상황이나 상담 과정에서 투사가 발생할 때 이를 평가하는 데
경험이 많은 검사자는 비교적 쉽게 해석할 수가 있을 것이다. 그러
나 투사적 심리학의 원리에 경험이 적은 검사자는 모호한 말, 다양
한 의미를 가진 말, 대부분의 사람에게 정서를 유발하기 쉬운 말을
해석하는 데 상당한 노력과 주의를 기울여야만 한다. 이런 경우에
탐색은 피검자가 의식적으로 의도했던 말의 의미를 명료히 해 줄 수
있고, 또한 그와는 달리 회피 혹은 방어하고자 했던 중요한 상징적
자료가 제시될 수도 있기 때문에 해석에 큰 도움이 될 수 있다.

3) 선택적 연상단계

세 번째 실시 절차인 선택적 연상단계는 피검자의 연상 방향에 대
하여 검사자가 보다 큰 영향력을 행사하면서 더 깊이 성격적 투사
의 기회를 제공하는 데 그 목적이 있다. 이러한 목적을 달성하기 위
하여 검사자는 피검자에게 "잘했습니다. 이제 우리는 검사의 마지막
단계를 수행할 것입니다."라고 말한다.

그런 다음에 검사자는 9매의 자극카드를 각각 3매씩 세 줄로 피검

자 앞에 볼 수 있도록 배열하고 나서 "당신의 상상력을 다시 이용하기를 바랍니다. 이번에는 당신이 모든 도형을 주의깊게 살펴보고 당신이 가장 좋아하는 것 하나를 말해 주기 바랍니다."라고 말한다. 검사자는 피검자가 모든 도형을 살펴보고 있는가를 유심히 관찰한다. 피검자가 언어적으로든 혹은 손으로 가리키든 어떤 반응을 보이면, 검사자는 자극카드의 번호와 그 반응을 기록한 뒤에 "다시 모든 도형을 보고 이번에는 당신이 가장 좋아하지 않는 것 하나를 말해 주십시오."라고 말한다.

다시 한번 피검자의 전체 행동 패턴을 관찰하고 그가 반응을 하면 이를 기록한 후, "이제 정말 당신의 상상력을 펼쳐서 당신의 어머니를 가장 생각나게 하는 도형이 어떤 것인지 말해 주십시오."라고 말한다. 카드 번호와 이에 수반되는 언어적 설명과 신체적 반응을 기록한 후에 검사자는 "그러면 당신의 아버지를 가장 생각나게 하는 도형은 어떤 것입니까?"라고 묻는다. 이에 대한 반응을 기록한 후에 검사자는 계속해서 "그리고 당신 자신을 가장 생각나게 하는 도형은 어떤 것입니까?"라고 묻는다.

이러한 질문들에 대한 반응을 토대로 검사 결과를 해석할 수도 있지만, 검사자는 임상적으로 관련이 있을 수 있는 보다 깊은 연상을 이끌어 낼 수도 있다. 예를 들어, 만일 피검자가 기혼자라면 어떤 특정 도형에 대한 연상을 배우자에 관해서 하도록 요청할 수 있다. 또한 그 연상은 형제자매, 직장 상사, 교사와 같은 다른 의미 있는 사람들이나 피검자의 삶에 관련이 있다고 생각되는 어떤 일이나 사건에 대해서 이루어지도록 요청할 수도 있다.

실제 연상한 내용은 물론이거니와 관찰된 다른 중요한 사항을 기

록해 두어야 한다. 예를 들면, 목소리의 음색이나 크기, 이상한 몸
동작, 얼굴 표정, 손톱 뜯기와 같은 신경증적 증후와 같은 부수적인
비언어적 의사소통에 관심을 기울여야 한다. 또한 검사자의 지시에
대해서 피검자의 언어적 반응이 시간적으로 아주 지체되어 이루어
지는 것도 기록해 두어야 한다.

제5장

임상적·투사적 해석의 기초

　피검자의 BGT 기록에 대한 임상적·투사적 해석을 위해서는 검사자에 대한 피검자의 반응 태도, 도형 배열과 모사용지상의 공간사용, 이상하고 특이한 도형이나 프로토콜의 특징, 도형을 모사하거나 도형에 대한 연상이 이루어지는 동안에 발생하는 피검자의 자발적 행동, 자극도형에 대한 언어적 연상 등을 분석해야 한다. 여기서는 BGT의 각 도형과 프로토콜의 상징적 의미를 파악하는 데 도움이 되는 도형 배열과 공간사용 및 이상하고 특이한 도형의 특징에 대한 페르티코네(Perticone, 1998)의 해석적 가정(假定)을 살펴보기로 한다. 여기서 가정이란 확정적인 것이 아닌 그럴 가능성이 높은 잠정적 결론을 말한다. 모든 심리검사가 그러하듯이 검사 자체를 통해서 얻을 수 있는 정보는 완전하지도 충분하지도 않기 때문에 다른 자료

들과 함께 종합적으로 검토되어야 한다.

1. 도형 배열

도형을 모사할 때 피검자는 각 도형을 여러 다른 방식으로 모사용지에 배열한다. 예를 들어, 배치가 상당히 순서대로 이루어지기도 하고, 아무런 계획 없이 닥치는 대로 배치해 놓은 것 같은 방식으로 이루어지기도 한다. 클로슨(Clawson, 1962)은, 배열은 개인의 지적 접근을 반영한다고 가정하였다. 페르티코네(Perticone, 1998)는 일반적으로 세상에 대처하는 방법을 나타내는 지적 접근 혹은 인지양식은, 특히 개인의 자기방어적인 인성 특성을 반영할 수 있다고 강조하였다.

예를 들어, 도형의 체계적인 배열은 계획능력을 시사하기도 하지만, 또한 피검자 자신의 심리사회적 세계에서 일관성과 예측성에 대한 욕구를 반영한다는 것이다. 이를 논리적으로 확장해 보면, 도형을 매우 체계적으로 배열하는 피검자는 다양한 삶의 장면에서 통제하고 있다는 느낌의 욕구를 갖고 있다는 가정을 할 수 있다. 그러므로 삶은 다른 사람들과의 상호작용을 많이 포함하고 있기 때문에 대인관계가 모호하거나 대인관계의 상황에서 자신에게 기대되는 바가 무엇인지 불확실할 때 불편함을 느끼기 쉽다. 피검자의 인성구조에서 이러한 욕구의 지배는 도형 배열의 순서에 질서정연함을 보장하기 위한 노력으로 나타난다. [프로토콜 5-1]은 이러한 유형의 한 기록을 보여 주고 있는데, 여기서 배열은 완벽주의, 강박적인 질서정연함을 위한 욕구, 일과 사회 장면에서 자신의 특징적인 행동과 일

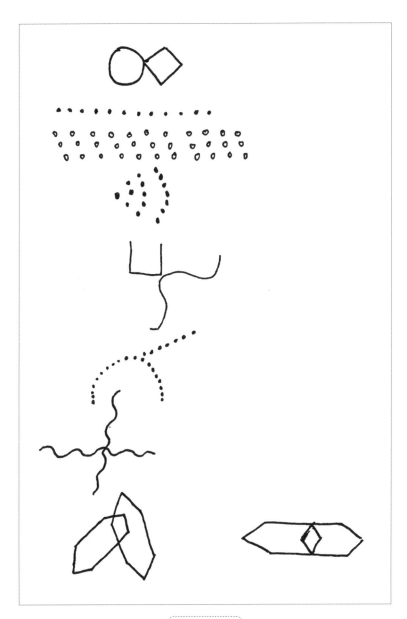

프로토콜 5-1

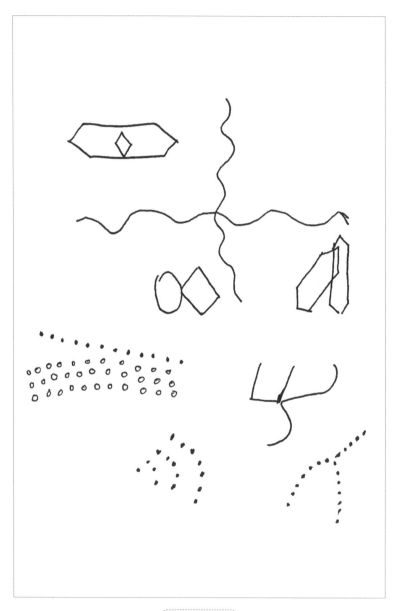

프로토콜 5-2

프로토콜 5-3

관성이 있는 특성들을 반영한다.

어떤 프로토콜을 보면 도형 배열의 체계성이 덜 엄격하면서도 여전히 순서적인 경향을 보인다. 이것이 시사하는 바는 사전에 예측하고, 사고하는 능력이 있고, 또한 이러한 특성과 관련하여 자기를 방어하기 위한 욕구가 덜 강박적이며, 심리사회적 환경에서의 모호성에 대한 인내심이 더 크다는 점이다.

다른 프로토콜에서는 도형의 배열이 질서정연함이 없을 뿐만 아니라 혼란스럽게 나타나기도 한다. 많은 경우에 그러한 순서의 부재는 단순히 발달적 미성숙(매우 어린 아동이나 지적장애아에서 기대될 수 있는 것 같은)의 기능에 의한 것이라기보다는 오히려 피검자의 예측할 수 없는 내적 자극에 대한 반응을 반영하는 것일 수 있다. 이것은 사건에 반응하기 전에 숙고하지 않는 충동성의 특성을 암시하는 것일 수도 있고, 다른 경우에는 정신적 혼란의 결과에 의한 것일 수도 있다. 도널리와 머피(Donnelly & Murphy, 1974)는 정신병 환자들의 배열순서와 충동 통제 간의 관계에 대한 연구를 수행한 결과, 불규칙적인 순서는 충동 통제 결여의 지표이며 양극성 기분장애의 특징임을 밝힌 바 있다.

[프로토콜 5-2]는 품행장애를 가진 것으로 진단된 한 충동적인 청소년의 프로토콜인데, 충동적인 특성을 잘 예시해 주고 있다. 비순서적이고 무질서한 도형의 배열에서 암시되는 계획의 결여와 함께 9개의 도형을 모사하는 데 걸린 시간이 1분 35초에 불과한 점에 비추어 충동성을 엿볼 수 있다.

[프로토콜 5-3]은 조현병으로 진단된 한 혼란스런 피검자가 모사한 기록이다. 도형의 배열이 매우 무질서할 뿐만 아니라 자폐성을

반영하는 이상하고 기대하지 않았던 정교화가 나타나 있다.

2. 공간사용

특별한 중요성을 가지는 또 다른 프로토콜의 특징은 도형 모사를 위해 사용된 모사용지의 공간과 관련된다. 대부분의 피검자는 도형들을 모사용지 전면에 분산한다. 그러나 간혹 어떤 피검자들은 9개의 도형을 모두 모사용지의 상단이나 하단 부분, 혹은 좌측이나 우측 부분에만 그리는 경우가 있다. 이렇게 도형들을 어느 한 부분에 몰려 그리게 되면 필연적으로 모사용지의 많은 부분이 여백으로 나타나게 된다. 이처럼 모사용지의 좌측이나 우측, 상단이나 하단 등 특정하게 제한된 부분에만 한정해서 배열하는 것은 모든 개인의 동일한 인성 성향을 반영하는 것은 아니지만, 도형들을 서로 접근해서 그린 결과는 종종 피검자의 위축 성향이나 심리사회적 환경에서 자기표현을 제한하는 성향을 시사한다.

특별히 임상적 주의를 기울일 만한 것이 도형 배열의 압축인데, 도형들이 모사용지의 상단 부분([프로토콜 5-4] 참조) 혹은 하단 부분([프로토콜 5-5] 참조)에 지나치게 치우쳐 있다. 두드러지게 상단 부분에 배열한 것은 높은 포부 수준과 연합된 적극적인 환상적 생활을 암시하면서도 압축된 도형들은 그 포부가 금지되어 있거나 수동적 혹은 수동-공격적인 방식으로 표현되고 있다는 것을 시사한다. 반면에, 하단 부분에 도형들을 눈에 띄게 배열한 것은 종종 우울이나 위축 성향과 관련되는데, 특히 도형의 크기가 작거나 매우 연하게

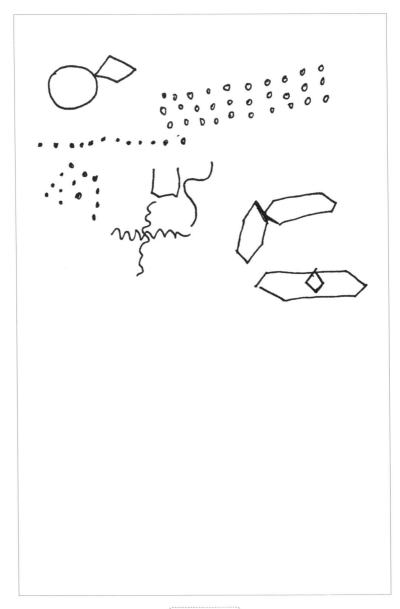

프로토콜 5-4

프로토콜 5-5

그렸을 때는 더욱 그럴 가능성이 높다.

공간사용과 관련하여 이상하게 나타나는 것은 확산인데, 이것은 피검자가 모사용지의 앞면과 뒷면 모두를 사용하여 도형들을 모사하거나 두 장 이상의 모사용지를 실제로 사용하는 경우이다. 코피츠(Koppitz, 1975)는 자신의 연구 결과를 토대로 두 장 이상의 모사용지를 사용하는 것은, 취학 전의 아동들의 경우에는 특이한 현상이 아니지만, 이보다 나이 든 아동들의 경우에는 충동성과 행동화(acting-out)와 관련될 수 있다고 주장하며, 또한 학령기 아동들에게서 이 같은 현상이 나타나면 뇌손상의 가능성이 있을 수 있기 때문에 전문가의 정확한 진단을 받아 보아야 한다고 조언했다.

3. 이상하고 특이한 도형의 특징

피검자가 모사한 도형 그림에서 나타나는 이상하고 특이한 특징을 보이는 여러 유형의 이탈(왜곡, 오류)이 있다. 여러 이탈 중에서 인성기능에 관한 가정이 가능한 것으로는 점 대신 원의 사용, 도형의 일부 혹은 전부가 평평해지고 각이 무디어짐, 선의 가중묘사, 그려진 도형에서 경사의 발생 등이 있다. 이러한 특징들이 청소년 혹은 성인의 기록에서 발생할 때는 인성기능의 지표로서 임상적 중요성을 가진다는 것을 명심해야 한다(Perticone, 1998).

1) 점 대신 원의 사용

점 대신 원의 사용은 BGT 도형 1, 3, 5의 모사에서 종종 나타난다
([그림 5-1] 참조). 이것은 어린 아동들의 도형 모사에서 흔히 발생되
는데, 피검자의 연령에 따라서 발달지체의 지표로서 간주될 수 있
다. 도형 1의 경우에 7세 이후, 도형 5의 경우에 9세 이후 점 대신 원
의 사용은 신경적 손상의 진단적 지표로서 임상적 중요성을 가진다
(Koppitz, 1975).

인성평가와 관련하여 기질성이 의심되지 않는 청소년과 성인을
포함한 나이 든 피검자들의 기록에서 점 대신 원의 사용이 나타나
면, 이는 미성숙과 구체적인 실제 생활 기능의 영역과 관련하여 인
성구조 내부의 고착이나 퇴행을 어느 정도 반영한다. 예를 들어, 미
성숙의 행동 표출은 대인관계에서의 행위 그리고 충동과 욕구가 전
형적으로 관리되는 방식에서 드러나기 쉽다.

그림 5-1

2) 평평함과 각의 둔화

평평함과 각의 둔화는 일반적으로 형태의 왜곡과 관련된 채점 범
주에 속하는 특이한 이탈을 가리킨다. 이것은 기질성 혹은 생리적

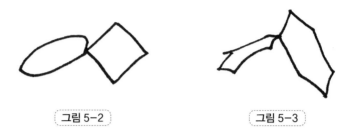

그림 5-2   그림 5-3

발달과는 아무런 관계가 없는 것으로 보이지만, 상당한 투사적 가치를 가진 것으로 여긴다. 즉, 평평함과 각의 둔화는 특별한 상징적 중요성을 갖고 있으며, 이것들에 대한 해석은 피검자 인성의 역동성과 정서적 적응을 이해하는 데 큰 도움이 될 수 있다.

평평함의 한 예를 [그림 5-2]에서 볼 수 있는데, 여기서 도형 A의 원 부분이 압축된 것같이 타원형으로 그려져 있다. 평평하게 그려진 것은 압박감 혹은 다른 사람이나 집단의 힘에 적응하기 위해서 자신을 제한하거나 변화시키고자 하는 욕구를 느끼고 있는 것으로 가정된다. 이와 유사한 가정이 도형 7에서 육각형이 평평해진 것에도 적용될 수 있는데, 그 한 예를 [그림 5-3]에서 볼 수 있다.

도형의 한 요소가 평평해진 것은 피검자가 주관적인 환경적 압력을 경험하고 있다는 것을 시사하며, 이는 종종 검사자의 질문에 대한 피검자의 대답에 의해서 지지된다. 예를 들어, BGT의 도형 모사에서 그러한 변형에 관한 질문을 받았을 때 피검자는 종종 "그것은 압착되어 있는 것처럼 보이는군요."와 같은 논평으로 오류를 인정할 것이다.

평평함은 또한 피검자의 도형 6 모사에서 발생할 수 있다([그림 5-4] 참조). 도형 6은 종종 기분에 대한 투사를 이끈다. 각 곡선의 폭이(특히 수평 곡선의 폭이) 실제 자극도형보다 덜할 때, 이는 우울한 기분, 낮은 에너지 수준 혹은 정서 표현의 억제 경향 중에서 어느 하나인 것으로 해석된다.

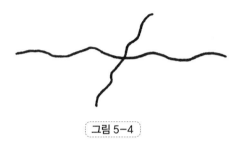

그림 5-4

적대적 충동의 억제와 적대적 감정을 갖고 있음을 부정하고자 하는 노력은 또한 각의 둔화에서도 주목된다. 이것은, 특히 [그림 5-5]에서 보는 바와 같이 BGT 도형의 한 요소가 다른 요소와 접촉하는 지점에서 각의 둔화가 이루어질 때 그러하다.

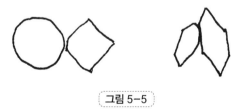

그림 5-5

3) 선의 가중묘사

이러한 반응 범주는 코피츠(Koppitz, 1975)의 정서지표에서 '가중묘사 혹은 굵은 선'이라고 언급한 것과 본질적으로 같은 것이다. 가

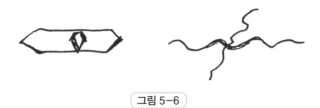

그림 5-6

중묘사는 모사할 때 같은 부분에 연필을 재차 움직여 긋거나 다른 도형 혹은 동일한 도형의 다른 부분을 그릴 때 행한 것보다 연필에 힘을 주어 진하게 그린 것을 모두 포함한다. 특별히 임상적 관심을 가져야 할 가중묘사의 유형은 도형 A, 4, 6, 7, 8에서 두 요소가 접촉하는 지점이다. 가중묘사의 예를 보면 [그림 5-6]과 같다.

BGT 기록에서 가중묘사가 발생할 때 고려되어야 할 기본 가정은 보통 피검자와 중요한 타인 혹은 밀접한 관계를 가지고 있는 사람 간에 두드러진 대인 갈등이 존재한다는 것이다. 다시 말해, 도형의 두 요소가 접촉되는 지점에 선이 두 번 이상 그려진 가중묘사의 출현은 연루된 개인들이 긴장 상태에 있으며, 그들 간에 강한 정서적 장벽이 존재하고 있다는 것을 시사한다.

4) 경사

피검자가 모사한 BGT 도형을 보면 한 도형의 전부 혹은 일부가 위쪽이나 아래쪽 방향으로 경사지도록 그려진 경우가 있다. 수평축(모사용지의 좌우 가장자리에 의해서 표시되는)으로부터의 변형이 '회전'의 오류로 채점할 만큼 크지 않기 때문에 여기서는 '경사'라는 용어가 사용된다. 위쪽 방향으로의 경사([그림 5-7] (a) 참조)는 피검자가 자신

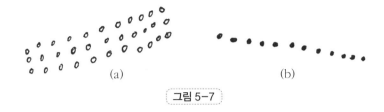

그림 5-7

의 충동을 표현하거나 행동화하는 경향이 있음을 그리고 아래쪽 방향으로의 경사([그림 5-7] (b) 참조)는 피검자가 우울한 정서를 경험하고 있거나 자신의 욕구나 충동을 억제하는 경향이 있음을 시사한다. 경사가 심할수록 그러한 경향이 두드러진 것으로 해석한다.

　때로는 경사가 도형의 한 부분에서만 나타나기도 한다. 만일 [그림 5-8] (a)에서 보듯이 경사가 처음에 나타나다가 그 뒤에 정확한 모사가 이루어지면, 피검자가 우울(아래쪽 방향으로의 경사) 혹은 충동성이나 행동화(위쪽 방향으로의 경사)를 보이는 경향이 있는데, 이 점에서 그러한 정서를 통제하고 있다고 가정할 수 있다. 그리고 [그림 5-8] (b)에서 보듯이 경사가 처음에는 나타나지 않다가 그 뒤에 발생하면 그 반대의 해석이 가능하다. 즉, 어떤 상황에서 피검자의 반응이 적절한 경향을 보이다가 갑자기 우울(아래쪽 방향으로의 경사) 혹은 충동성이나 행동화(위쪽 방향으로의 경사)를 보인다고 가정할 수 있다.

그림 5-8

제6장

도형의 상징적 의미와 해석적 가정

1. 각 도형별 상징성과 해석

BGT의 각 도형별로 투사적 중요성을 가진다고 여기는 특수한 차원적·공간적 특징을 언급하고, 피검자의 도형 모사에서 발견되는 이상하고 특이한 특징의 유형을 기술하고, 관련 있다고 믿는 심리적 해석을 덧붙이면서 도형의 상징적 의미에 대한 해석적 가정을 살펴보면 다음과 같다(Perticone, 1998).

1) 도형 A

도형 A는 어머니와 경험된 관계가 어떠한지를 나타낸다. 더러는 도형 A가 이성과의 관계 혹은 일반적인 대인관계를 상징하는 것으로 해석되기도 한다. 이 자극도형은 동전처럼 이원성의 성질을 가지고 있어서 원과 마름모는 비록 구별되는 모양이지만 한 쌍으로 구성되어 있는 것처럼 보인다. 원과 마름모는 서로 접촉되어 있기 때문에 어떤 관계를 함께하고 있는 것 같다. 대체로 먼저 그린 원은 어머니 혹은 여성을 나타내는 것으로 가정된다. 따라서 마름모와 원의 접촉 지점이 어떻게 처리되는가 하는 것은 특별히 중요한 상징적 의미를 가진다.

접촉 지점에 가중묘사가 나타날 때, 피검자는 관계에 있어서 자신의 긴장에 대한 경험을 투사할 수 있다. [그림 6-1]에서 마름모가 접촉하고 있는 지점에 원 영역의 선이 재차 그려져 있는 것은 마치 원에 의해 대표되는 사람이 침투할 수 없도록, 즉 정서적으로 접근할 수 없도록 장벽을 치고 있는 것처럼 두 사람 사이에 어떤 장벽이 존재하고 있다고 느끼고 있음을 시사한다.

그림 6-1

이 외에도 피검자가 어머니 혹은 중요한 타인과의 관계곤란을 경험하고 있을 가능성을 시사하는 많은 그림이 있다. 그러한 그림 중에 하나가 두 요소의 상대적 크기이다. [그림 6-2] (a)에서 원은 마름모보다 훨씬 더 큰 것으로 보인다. 이는 어머니, 여성 혹은 다른 중요한 사람이 피검자와의 관계에 있어서 지배적인 것으로 지각되고 있음을 시사한다. [그림 6-2] (b)에서 보는 것처럼 마름모를 원보다 훨씬 크게 그렸을 때는 그 반대의 가정이 성립한다. 즉, 어머니 혹은 다른 중요한 사람이 피검자와의 관계에 있어서 복종적이거나 덜 지배적인 것으로 해석될 수 있다.

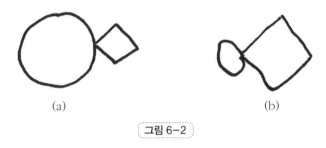

(a)   (b)

그림 6-2

이와 같이 대인 곤란을 가지고 있는 피검자의 기록에서 발생할 수 있는 또 다른 특징은, 간혹 도형 A의 마름모 요소의 그림에서 볼 수 있는 평평함이다. 이러한 평평함은 마름모가 수직 혹은 수평 방향으로 길게 늘어나는 데에서 연유한 것일 수 있다([그림 6-3] 참조). 이 기록이 발생할 때 고려되는 가정은 어머니 혹은 중요한 타인과의 관계를 유지하기 위해서 피검자가 자신의 성질이나 행동의 어떤 측면을 억제하거나 변경해야만 한다는 것이다. 이러한 개인은 전형적으로 다른 사람들의 요구와 기대를 충족하기 위한 상당한 압박감을 갖고 있고, 그 요구와 기대에 미치지 못하면 어떻게 해야 되는가에 대한 두려움도 갖고 있다.

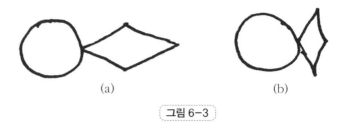

(a)   (b)

그림 6-3

　　이와 비슷한 양상은 마름모의 한 부분만이 평평하거나 늘어진 경우이다. [그림 6-4] (a)에서 마름모의 왼쪽 반이 마치 원과 접촉하기 위해서 '쭉 펼쳐야만' 하는 것처럼 길게 늘어져 있다. 이것은 피검자가 어머니 혹은 그에 상응하는 다른 대상과의 상호작용의 가능성에 직면했을 때 상당한 저항을 경험하고 있음을 가리키는 것일 수 있다. 원으로부터 가장 먼 마름모의 부분이 훨씬 더 충실하게 재생되어 있다는 사실에서 암시되는 것처럼, 피검자는 상호작용이 절박할 때까지 보다 적절하게 기능을 한다. [그림 6-4] (b)에서와 같이 원과 접촉하고 있는 마름모의 반이 적절하게 그려져 있고, 대신 원으로부터 가장 먼 마름모의 부분이 늘어져 있거나 '쭉 펼쳐져' 있을 때, 피검자는 처음에는 어머니와 직면하거나 상호작용하는 것에 매우 저항적이지만, 결과적으로는 자아자원을 동원하거나 잘 적응하여 대인 접촉을 하게 될 때 잘 통합된 방식으로 기능을 할 수 있다.

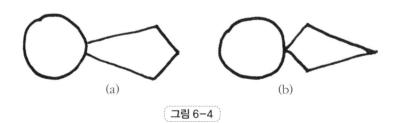

(a)   (b)

그림 6-4

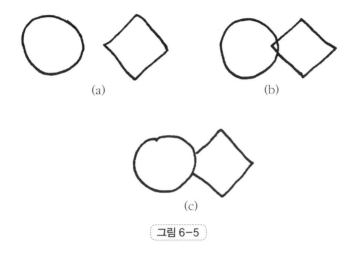

(a)　　　　　　　　　　　　　　(b)

(c)

그림 6-5

　도형 A의 두 요소를 잘못 배치했을 경우에도 대인 갈등 혹은 대인
곤란을 가정할 수 있다. 원과 마름모가 실제로 서로 접촉되지 않거
나([그림 6-5] (a) 참조), 마름모가 원의 영역에 침투하거나([그림 6-5]
(b) 참조), 원과 접촉하고 있는 마름모의 모퉁이가 열려 있는([그림
6-5] (c) 참조) 것이 두 요소를 잘못 배치한 형태이다.

　원과 마름모가 서로 떨어져 있는 것은 피검자와 어머니 혹은 중요
한 타인과의 관계가 소원하고 대인 곤란을 겪고 있다는 것을 시사한
다. 그리고 마름모가 원에 침투하는 것은 어머니나 중요한 타인에
대한 적대감을 강하게 드러내는 것이며, 더러는 기본적인 성적 문제
가 있음을 암시하기도 한다. 반면에, 원과 접촉하는 지점의 마름모
에서 모퉁이가 열려 있는 것은 피검자의 관계 경험에 구강의존적 측
면이 있음을 시사하는 것으로, 열려 있는 정도가 크면 클수록 더욱
더 피검자의 인성 패턴에서 의존 욕구가 지배적으로 존재하고 있다
고 가정할 수 있다.

2) 도형 1

도형 1에 대한 가정은 한 개인과의 대인 상황에서 기능을 할 때, 즉 한 사람하고만 관계를 하고 있을 때 피검자의 정의적·행동적 경향성의 성질을 반영하고 있다는 점이다.

도형 1에서 점 대신 원의 사용([그림 6-6] (a) 참조)은 피검자가 다른 사람들과 관계하는 방식이 집단 상황에 있을 때보다는 훨씬 더 개별적인 상황에 있을 때 미성숙으로 특징지어질 것임을 시사한다. 마찬가지로 점들이 대시로 그려져 있다면([그림 6-6] (b) 참조), 개별적인 대인 상황에서 충동성이 예측될 수 있다. 많은 혹은 모두가 대시로 신속히 그려져서 검사자가 유심히 살펴보면 마치 Z문자처럼 보이는([그림 6-6] (c) 참조), 즉 점 대신 Z문자 형태의 대시를 사용하는 것은 피검자의 강한 충동성을 나타내는 지표로서, 실제 삶의 장면에서 피검자의 행동을 관찰해 보면 매우 부적절한 경우가 많다.

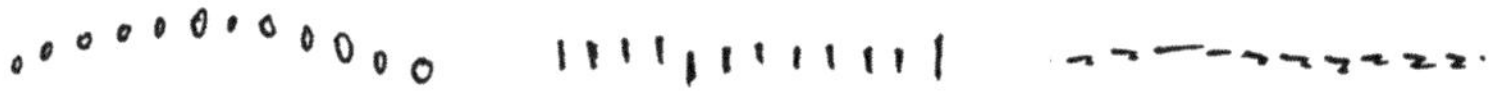

(a)　　　　　(b)　　　　　(c)

그림 6-6

위쪽 방향으로의 경사([그림 6-7] (a) 참조)는 다른 한 사람과 있는 상황에서 행동화가 일어날 가능성이 크다는 것을 시사한다. 그리고 아래쪽 방향으로의 경사([그림 6-7] (b) 참조)는 그러한 개별적인 대인 상황에서 경험한 특징적인 기분이 불행임을 시사한다.

(a)   (b)

그림 6-7

앞서 언급한 투사적 특징들은 BGT의 한 자극도형의 모사에서도 찾아볼 수 있다. 그러므로 검사자는 피검자의 인성기능에 관한 의미 있고 통합적인 가정을 도출하기 위해서 그 특징들을 고려할 필요가 있다. 예를 들어, [그림 6-8]에서 보는 바와 같이 도형 1의 모사 결과는 개별적인 대인 상황에서 처음에는 만족스런 적응 패턴을 보일 것이라고 기대할 수 있음을 시사하는 것으로 해석될 수 있다. 그러나 또한 피검자는 곧 정서조절을 상실하여 다른 사람과 어느 정도 친숙하게 되면, 미성숙하게 행동하고 충동적으로 표현하기 시작할 것이라고 예측된다. 이러한 행동적 순서는 왼쪽에 있는 몇 개의 점들이 잘 모사되었지만, 갈수록 정확성의 정도가 떨어지기 시작하고 있는 데에서 엿볼 수 있다. 곧 점들이 커지고 점 대신 원의 사용이 주목되는데, 이는 피검자의 미성숙한 경향이 두드러지기 시작함을 시사한다. 정확성이 떨어지는 것은 위로 향한 경사에서 발견되는데, 도형을 반쯤 그렸을 때부터 완성될 때까지 위로 향한 경사가 계속되고 있다. 이는 행동화의 경향성을 나타내는 것으로 가정된다.

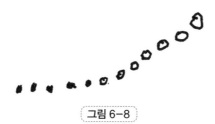

그림 6-8

3) 도형 2

도형 2는 도형 1과 마찬가지로 피검자의 대인행동 방식을 나타내
지만, 개별적인 대인관계 상황보다는 집단적인 대인관계 상황과 관
련된다. 또한 도형 2는 가족과 같이 생활공간 내의 특정 사회집단에
서 기능하기보다는 일반적으로 집단관계에 대한 피검자의 반응을
반영하는 것으로 가정된다.

경사가 아래쪽으로 향하면([그림 6-9] (a) 참조) 우울 경향성을, 위
쪽으로 향하면([그림 6-9] (b) 참조) 행동화 경향성을, 원 대신 대시
([그림 6-9] (c) 참조)는 충동성과 행동화 경향성을 시사하는 것으로
해석될 수 있다.

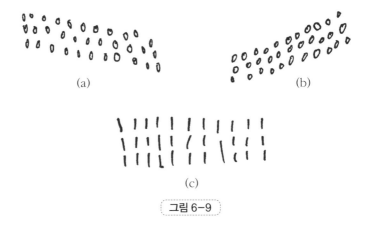

(a)

(b)

(c)

그림 6-9

또 다른 흥미로운 특징은 전체 도형의 수평적 차원이 줄어든 경우
인데, 이는 여러 개의 종렬이 그림에서 생략되었을 때 발생한다([그
림 6-10] 참조). 이러한 특징은 피검자가 집단에 참여하는 것을 피하

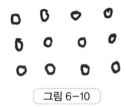

그림 6-10

고 싶어 하고, 대규모 집단 상황에 참여하도록 요구받으면 불편해할 것임을 시사하는 것으로 해석된다.

4) 도형 3

도형 3은 피검자의 자아욕구를 상징하는 것으로 가정되며, 고집, 동기 혹은 자기표현 경향성의 지표로 여긴다.

이 도형에서 점 대신 원의 사용([그림 6-11] (a) 참조)은 피검자의 욕구 혹은 동기가 그 초점이나 표현에서 미성숙한 것으로 가정될 수 있다. 점 대신 대시의 사용([그림 6-11] (b) 참조)은 욕구가 충동적인 형태로 표현되기 쉽다는 것을 시사한다. 앞서 언급한 바와 같이, 대시를 빠른 속도로 무모하게 그리면 Z문자의 형태로 나타날 수 있다([그림 6-11] (c) 참조). 이는 대인관계 문제를 일으키기 쉬운 강한 충동성의 지표로 여긴다. 이와 같은 그림의 양상을 보이면서 경사가 위로 향하게 되면 충동적 경향성의 행동화가 일어나기 쉽다.

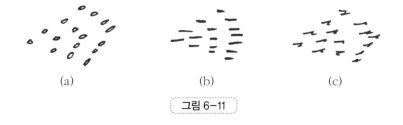

(a)   (b)   (c)

그림 6-11

   도형 3을 모사하는 과정에서 형태의 왜곡이 발생할 수 있다. 형태
의 왜곡이 어떤 양상이든지 간에 이는 일반적으로 피검자가 여러 심
리적 욕구를 다루거나 충족하고자 할 때 문제를 경험하고 있을 가능
성이 크다는 것을 나타낸다. 이와 관련하여 검사자는 피검자가 도형
3의 연속되는 각을 그리는 방식에 특별히 주의를 기울일 필요가 있
다. 각이 보다 뾰족하면 할수록 피검자가 자신의 욕구를 더욱더 고
집적이고 적대적인 방식으로 표현할 가능성이 크다고 가정한다. [그
림 6-12] (a)는 각이 보통 정도이지만, [그림 6-12] (b)는 각이 뾰족
한 것으로 보인다.

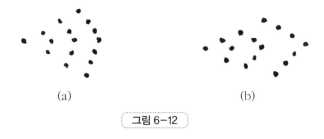

(a)   (b)

그림 6-12

   그러나 도형 3은 종종 각의 일부 혹은 모두가 뾰족함이 결여되어
있는 것으로 관찰되기도 한다. 예를 들어, [그림 6-13] (a)는 자기주
장을 표현하지 못하는 특성을 시사하는 것으로 모든 각이 무디어져
있다. [그림 6-13] (b)는 도형의 오른쪽 끝에 있는 마지막 각만이 예
리한 반면, 앞의 각들은 무디어져 있거나 둥글게 되어 있다. 이런 경
우에는 여러 상황에서 개인은 적극적으로 주장하며 행동하는 것을
주저하기 쉬우나 비록 쉽지는 않더라도 결국에는 자기주장을 할 수
있게 될 것이라고 해석된다.

(a)   (b)

그림 6-13

이와는 대조적으로 어떤 개인들은 만족하고 싶은 내적인 욕구나 충동의 경험을 가지고 있지만, 그럴 수 있는 기회가 주어졌을 때 내적인 욕구나 충동을 억제하거나 심지어는 완전히 억압하기도 한다. 이 같은 해석은 [그림 6-13] (c)에서 보는 것처럼 첫 번째와 두 번째 각은 꽤 예리하지만 마지막 각을 명확히 무디어지게 그렸을 때이다. [그림 6-13] (d)처럼 어디에도 전혀 각이 나타나지 않은 경우에는 인성적으로 주장성이 결여되어 있고, 그 결과로 다른 사람들이 볼 때는 순응적이고 수동적이라고 보이는 사람일 것으로 해석된다.

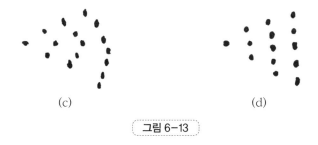

(c)   (d)

그림 6-13

경사가 위쪽으로 향한 그림은 욕구가 행동화될 것이라는 가정을 강화한다. 그리고 점 대신 원을 사용하였다면, 다른 사람이 보기에 자기욕구의 표현이 미성숙하고 퇴행적인 것으로 여기기 쉽다. 또한 점 대신 대시를 사용하고, 경사가 위쪽으로 향해 있는 경우도 마찬가지이다.

5) 도형 4

  도형 4는 피검자의 어머니와의 관계에 관한 연상을 이끌어 내는
것으로 가정된다는 점에서 도형 A의 상징적 의미와 유사하다. 또한
도형 A의 경우에서처럼 드물기는 하지만 이성과의 관계 혹은 일반
적인 대인관계를 상징하는 것으로 해석되기도 한다.

  검사자가 확인해야 할 중요한 특징은 가중묘사인데, 그 이유는 도
형 4에서 두 요소의 결합에 대한 취급은 피검자가 어머니 혹은 다른
중요한 인물과의 관계에 대해 어떻게 느끼고 사고하는가를 반영하
기 쉽고, 그 관계에 대한 적응상의 중요한 의미를 가지기 때문이다.
가중묘사는 간혹 마름모의 오른쪽 낮은 부분에 발생하기도 하지만,
[그림 6-14] (a)에서 보는 바와 같이 마름모의 오른쪽 부분이 심하게
가중묘사되는 경우가 많다. 이런 경우가 발생하면, 이는 긴장의 경
험을 하고 있을 뿐만 아니라 두 개인 간 긴장이 어머니 혹은 다른 중
요한 인물에 의해서 기인하는 것으로 가정될 수 있다.

  다른 경우에는 접촉점에 가중묘사가 마름모가 아닌 곡선 요소에

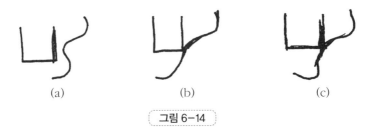

(a)   (b)   (c)

그림 6-14

서 나타나기도 한다([그림 6-14] (b) 참조). 이는 저항과 이로 인한 긴장의 원천이 피검자임을 시사하는 것으로 해석될 수 있다. [그림 6-14] (c)에서 볼 수 있듯이, 마름모와 곡선의 접촉점에 모두 가중묘사가 나타난다면, 이는 피검자에 의해 지각될 반항 혹은 적대감이 쌍방의 태도나 행동에서 기인되는 것으로 가정된다.

　도형 A에서처럼 도형 4에서도 전체 자극도형을 포함하는 두 요소가 통합되지 못하는 경우가 가끔 있다. [그림 6-15] (a)는 마름모와 곡선이 접촉하지 못하는 형태의 한 예이다. 두 요소가 접촉되지 못하고 간격이 발생된 이유가 그 두 요소를 정확하게 통합하지 못한 데에서 기인될 때, 이는 피검자와 어머니가 서로 정서적 접촉을 형성하지 못하거나 유지하지 못하는 것의 투사적 지표로 여긴다. 종종 그러한 두 요소를 통합하지도 못하고 마름모, 곡선 혹은 둘 모두([그림 6-15] (b) 참조)에서 가중묘사가 동시에 나타나기도 한다. 이러한 일이 나타나면 대인 곤란이 각 개인의 거리감과 긴장감을 포함하는 것으로 가정될 수 있다.

　　　　(a)　　　　　　　　　　　　　(b)

그림 6-15

　검사자는 또한 도형 모사에서 또 다른 흥미로운 변형적 특징이 나타나는지 주목해야 한다. 이것은 분리된 요소를 한 선으로(종종 얇게 그려진) 결합하는 상징적 동작인데([그림 6-15] (c) 참조), 이것의 투사적 의미는 피검자가 다른 사람과 관계하고자 하는 아주 미약한 노력이거나 외관상 다른 사람과 관계를 이끌고자 하는 시도로 해석될 수 있다. 전자는 불만족스럽더라도 대인관계의 결속을 유지하고 싶은 것을 시사하고, 후자는 적절하고 정상적인 관계를 뚜렷이 이룩하고자 하는 것을 시사한다.

도형 4의 두 요소를 정확하게 통합시키지 못한 것은 두 요소가 중첩된 것에서도 볼 수 있다. 이러한 중첩은 곡선(보통 두 번째 그려진)이 마름모 밑의 왼쪽을 침투했을 때 나타난다([그림 6-15] (d) 참조). 이러한 침투는 대인관계에 있어서 어느 한쪽 혹은 쌍방이 적대감을 경험하고 있고, 따라서 쌍방 간에 다툼이 예상될 수 있음을 시사한다. 이는 그림에서 위쪽으로 향한 경사가 나타날 때 더욱더 투사적 지지를 얻는다.

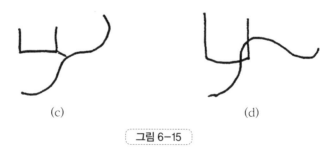

(c) (d)

그림 6-15

또 다른 특징으로는 도형 4에서 회전이 나타날 때인데, 이는 자극도형의 마름모 윗부분이 거의 $180°$ 회전되고 곡선 부분은 회전되지 않고 그대로인 경우가 흔하다([그림 6-16] (a)와 [그림 6-16] (b) 참조). 이러한 회전은 마름모가 마치 뒤집힌 것처럼 보인다. 이러한 회전은

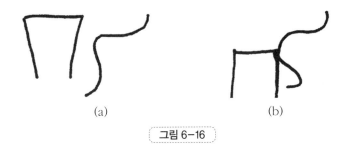

(a)   (b)

그림 6-16

일부 피검자에게는 상당한 투사적 중요성을 가진다. 자극카드에 있는 열려 있는 마름모는 무엇인가 담을 수 있는 용기로 볼 수도 있다. 물론 열려 있는 용기를 뒤집으면 그 내용물이 떨어지거나 쏟아질 것이다. 또한 무의식적으로 자궁을 상징하는 의미를 가지고 있으며, 따라서 도형 4가 어머니에 관한 무의식적 연상을 이끌어 내는 것은 그 때문이다. 도형 4가 용기와 자궁을 상징한다는 것을 결합하여 생각해 보면 열려 있는 마름모를 뒤집은 것은 피검자가 어머니에 대한 강한 거부감을 나타낼 수 있다는 가정으로 이끈다.

도형 4의 그림에서 나타날 수 있는 또 다른 이상하고 특이한 특징으로는 곡선 요소의 형태 왜곡과 마름모의 열려 있는 부분을 완전히 닫아 버리는 것이다. 형태의 왜곡은 마름모와 접촉하고 있는 지점에

(a)   (b)

그림 6-17

서 곡선이 평평해지거나([그림 6-17] (a) 참조), 곡선의 높이가 늘어
난 것처럼 곡선의 압축([그림 6-17] (b) 참조)으로 나타난다. 곡선 요
소에서 평평함이 나타나면, 어머니와 관련하여 경험된 정서가 슬픔
혹은 우울일 것으로 가정된다. 이와는 달리 열려 있는 마름모와 접
촉하기 위해서 곡선의 높이를 늘이고, 쭉 펼치는 것과 같은 곡선의
압축은 피검자가 어머니 혹은 중요한 타인과 관계할 수는 있지만 주
저하고 어려움을 가진다는 것을 시사한다. 여기서 '관계'란 용어는
감정, 사고, 태도와 같은 대인관계와 연합된 주관적인 내적 경험과
다른 사람들에 의해 관찰될 수 있는 중요한 타인과 관계하는 명백한
외적 행동 표현을 가리킨다.

　　도형 4의 열려 있는 마름모의 요소를 완전히 폐쇄시키는 것도([그
림 6-18] 참조) 관계곤란을 시사하는 것으로, 어머니 혹은 중요한 타
인이 정서적으로 접근될 수 없는 것으로 여기고 있다고 가정할 수
있다. 따라서 이러한 모사 결과는 피검자가 정서 박탈과 부모나 중
요한 사람과의 깊은 정서적 관계의 가능성에 대해서 절망감을 겪고
있는 것으로 해석할 수 있다.

그림 6-18

6) 도형 5

도형 5는 피검자의 가족 혹은 가정환경에 대한 지각을 투사적으로 이끌어 내는 것으로 가정된다. 성인의 경우에 이 도형은 아동기에 경험했던 정서적 분위기나 현재 경험하고 있는 가정 분위기를 나타내는 것과 관련된다. 또한 이 도형은 아동기의 정서적 분위기나 현재의 가정 분위기에 대한 의식적 혹은 무의식적 기억을 반영할 수 있다.

도형 5에서 점 대신 원의 사용([그림 6-19] (a) 참조)은 아동, 청소년, 성인의 검사 기록물에서 자주 볼 수 있다. 인성평가의 관점에서 볼 때, 이러한 특징은 가정환경에 대한 감정이나 반응이 미성숙함을 가리키는 것으로 가정된다. 청소년과 성인 피검자의 경우에 이것은 퇴행(regression)을 의미하는 것일 수 있으며, 특히 과거에는 이러한 오류가 발생하지 않았는데 현재 이 같은 오류가 발생할 때 더욱 그러하다. 그러나 여러 차례 BGT를 실시한 결과에서 점 대신 원의 사용이 일관성 있게 나타나면, 이는 고착(fixation)을 의미하는 것일 수 있다.

[그림 6-19] (b)에서 보는 바와 같이, 가끔 점 대신 대시를 사용한

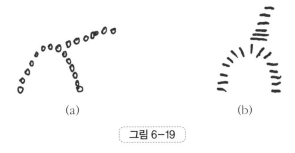

(a)   (b)

그림 6-19

모사 결과도 있다. 이것은 가정에 대한 적대감을 경험하고 있는 것으로 가정되며, 적대적인 가정환경에서는 충동 억제 곤란이 발생할 수도 있다.

경사 또한 도형 5에서 종종 보인다. 다른 도형에서처럼 경사가 위쪽 방향으로([그림 6-20] (a) 참조) 혹은 아래쪽 방향으로([그림 6-20] (b) 참조) 나타날 수 있다. 경사가 위쪽 방향으로 나타나면 가정 내에서 충동적 행동화의 가능성을 시사하며, 아래쪽 방향으로 나타나면 가정과 관련하여 경험된 정서가 불쾌 혹은 울적한 것으로 가정된다.

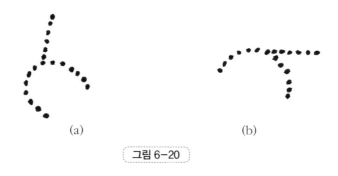

(a)   (b)

그림 6-20

7) 도형 6

도형 6은 피검자의 일시적 기분과 감정 등 정서적 상태를 반영하는 것으로 가정된다. 도형 6의 그림에서 보다 투사적 의미를 가지는 것은 파선의 폭에 변화가 있을 때인데, 특히 수직선의 경우에 그러하다. [그림 6-21] (a)에서처럼 파선의 길이가 현저히 감소되었을 때(특히 파선의 폭이 평평해졌을 때), 피검자의 정서가 슬프거나 우울한 상태임을 시사한다. 파선의 폭이 평평해진 정도가 클수록 우

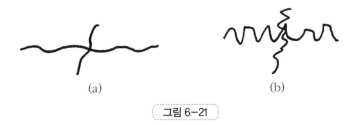

(a)   (b)

그림 6-21

울 상태가 심하다는 것을 가리킨다. [그림 6-21] (b)처럼 자극카드에
그려진 것보다 파선의 길이가 늘어났다면, 피검자의 정서가 주관적
으로 경험된 것이든 밖으로 표출된 것이든 간에 고양되어 있을 것으
로 예상된다. 폭의 정도가 또한 고려되어야 한다. 만일 파선의 길이
가 현저히 늘어났다면 신경증적 행동화의 가능성이 있다. 이러한 가
정은 선이 충동적으로 매우 신속하게 그려졌을 때 지지된다. 그리고
각각의 파선에 폭의 수가 적거나 많이 그려져 있으면 훨씬 더 크게
신경증적 행동화의 경향이 예상된다.

 도형 6의 그림에서 경사가 나타나면, 이는 또한 우울성 혹은 밖으
로 정서를 표출하는 경향성을 가리키는 것으로 해석된다. 경사가 나
타날 때는 보통 도형의 전체가 그러하다. 경사가 위쪽 방향으로 나
타나면([그림 6-22] (a) 참조) 행동화를 시사하며, 경사가 아래쪽 방향
으로 나타나면([그림 6-22] (b) 참조) 불행 혹은 이와 유사한 우울 상

(a)   (b)

그림 6-22

태를 시사한다.

8) 도형 7

도형 7은 '이원성', 즉 한 쌍의 성질을 전달한다는 점에서 도형 A, 도형 4와 유사하다. 도형 7의 경우에 쌍의 상징적 의미는 지배적인 남성 인물, 아마도 아버지나 그에 상응하는 인물에 대한 주관적인 연합을 포함하고, 피검자의 아버지와의 관계의 특성을 시사하는 것으로 가정된다. 각이 많은 것은 남성 인물 혹은 남자다움과의 무의식적 연합을 촉진하기 쉽다.

이 도형을 모사하는 데 어려움을 겪는 것은 10~11세 이하 연령의 피검자에게서 흔히 나타난다. 도형 7의 복잡성은 성숙적 변인과 직접 관련되지만, 또한 피검자가 그려 보고자 하는 도전에 상징적 중요성을 고려할 필요가 있다. 인성평가와 관련하여 이 도형은 종종 피검자의 불안, 적대, 혼란을 야기하는 것으로 보인다. 이러한 정의적 혹은 인지적 경험의 지표는 이 도형을 모사하고자 시도할 때 개인의 행위와 태도로부터 종종 추론될 수 있다. 예를 들어, 검사자는 때로 피검자의 자율적 변화(한숨을 쉼, 얼굴을 붉힘 등), 자발적 논평, 안절부절못하고 불필요하게 지우는(대체로 겹치는 부분에) 등의 행동적 표출에 주목할 수 있다.

두 육각형이 겹치는 지점에서 가중묘사가 빈번히 나타난다. 이러한 가중묘사가 관찰될 때 고려되어야 할 투사적 가정은 아버지 혹은 지배적인 남성과의 관계가 긴장이나 갈등으로 특징지어지기 쉽다는 것이다. 때로는 가중묘사가 어느 한 육각형에만 나타나기도 하는데

(a)　　　　　　(b)　　　　　　(c)

그림 6-23

([그림 6-23] (a)와 [그림 6-23] (b) 참조), 이는 피검자가 관계 곤란을 지각하고 있는 것으로 해석된다. 가중묘사가 오른쪽과 왼쪽의 육각형 모두에서 발생할 때([그림 6-23] (c) 참조), 이는 쌍방이 방어벽을 치고 있고 경험된 긴장을 나타내는 것으로 가정된다.

도형 7에서 발생하는 통합 오류는 두 육각형이 겹치지 않는 경우와 겹친 부분이 과장된 경우를 포함한다. 도형 A와 도형 4의 배열에 관한 논의에서 언급한 바와 같이, 이는 발생한 통합 오류의 유형에 관계없이 주목할 만한 관계곤란이 존재하고 있음을 투사적으로 시사한다. [그림 6-24] (a)에서 보는 것처럼 두 육각형이 접촉하지 않은 채 그려져 있으면, 이는 아버지와의 관계에 있어 정서적 거리감을 경험하고 있는 것으로 가정된다. 또한 두 육각형이 서로 분리되어 있는 정도는 피검자가 느끼는 대인관계의 소원함 혹은 대인 곤란이나 대인 갈등의 크기에 대한 단서를 제공한다.

때때로 두 육각형 사이에 아무런 겹침 없이 단지 두 요소 간에 약간의 접촉이 있는 경우가 있다. 예를 들어, [그림 6-24] (b)는 오른쪽 육각형과 왼쪽 육각형이 다소 평형된 상태로 나란히 있음을 보여 주고 있다. 이는 아버지와의 정서적 관계가 거의 없거나 혹은 표면적으로는 친화감이나 결합을 이끌고 싶은 욕구가 있는 것으로 가정된다. 두 육각형이 평형이고 크기가 같다는 사실은 아버지 혹은 다른

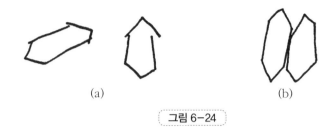

(a)   (b)

그림 6-24

남성과의 심리적인 동등성 문제가 피검자에게 특별히 중요한 것임을 시사한다.

　통합 오류의 다른 극단적인 형태는 한 육각형이 다른 육각형에 과도하게 침투한 경우이다([그림 6-24] (c) 참조). 이것은 아버지와의 관계에 있어서 매우 심한 불화를 경험하고 있음을 가리키는 것으로 가정된다. 갈등과 관련된 정서와 인지가 주로 내부적인 수준에서 경험되는 것인지, 아니면 심리사회적 세계에서 공공연한 적대감과 행동화와 같이 외부적으로 표출될 것인지의 여부는 그림에서 나타난 다른 특징에 의해 추론될 수 있다. 육각형에서의 경사, 선의 가중묘사, 각의 뾰족함, 닥치는 대로 아무렇게나 그려진 것 등은 갈등이 공공연하게 표출되었다는 가정을 지지한다. 매우 엷게 그려진 선이나 자극도형보다 작게 그려진 육각형은 피검자의 아버지에 관한 감정과 사고가 아마도 제지되고 있음을 시사한다.

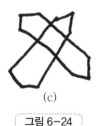

(c)

그림 6-24

9) 도형 8

도형 8은 생활공간에서 피검자의 자아(ego) 혹은 현상적 자기 (phenomenal self)에 대한 지각의 투사를 촉진하는 것으로 가정된다. 다이아몬드(마름모)가 육각형 내부의 중앙에 위치해 있기 때문에 다이아몬드는 무의식적으로 '현상적 자기'를 대표하는 것으로 가정된다. 육각형의 형태로 다이아몬드를 둘러싸고 있는 선은 '자아'가 작용하는 차원적 세계를 나타낸다.

육각형과 다이아몬드의 상대적 크기의 비율이 깨트려졌을 때는 자연적으로 두 가지 방향으로 나타난다. 하나는 육각형을 보다 크게 다이아몬드를 작게 그린 경우이고, 다른 하나는 육각형을 보다 작게 다이아몬드를 크게 그린 경우이다. 다이아몬드를 너무 작게 그렸을 때는 다이아몬드가 육각형 위의 선에는 접촉하고 아래 선에는 접촉하지 않는 경우([그림 6-25] (a) 참조), 아래 선에는 접촉하고 위의 선에는 접촉하지 않는 경우([그림 6-25] (b) 참조) 그리고 위와 아래 어느 선에도 접촉하지 않고 '떠 있는' 경우([그림 6-25] (c) 참조) 등이다.

다이아몬드를 본래 크기보다 작게 그린 것은 개인적 부적절감과 열등감을 시사한다. [그림 6-25] (a)처럼 다이아몬드가 육각형 위의 선에 접촉하고 아래 선에는 접촉하지 않도록 작게 그린 경우는 개인의 환상적 경향, 아마도 자신의 상상적 단점을 보상하기 위한 수단

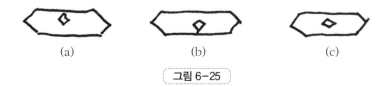

| (a) | (b) | (c) |

그림 6-25

인 것으로 가정된다. [그림 6-25] (b)처럼 다이아몬드가 육각형 아래의 선에는 접촉하고 위의 선에는 접촉하지 않도록 작게 그린 경우는 부적절감이 현저한 의존적 특성이나 행동적 표현에 의해 수반되는 것임을 시사한다. [그림 6-25] (c)처럼 다이아몬드가 육각형의 위와 아래 어느 선에도 접촉하지 않고 붕 떠 있는 것처럼 작게 그린 경우는 고립과 위축감을 시사한다.

이 도형의 각 요소가 크기에 있어서 비율이 깨진 경우는 다이아몬드의 크기가 과장되었거나 육각형이 비교적 너무 작게 그려진 그림에서 찾아볼 수 있다. 이런 경우는 다이아몬드의 위 혹은 아래의 지점이 다이아몬드를 포함하고 있다고 생각되는 육각형의 각 변에 의해 둘러싸여 있는 경계선을 지나간 그림에서 간혹 볼 수 있지만, 대개는 [그림 6-26] (a)에서 보는 바와 같이 다이아몬드의 위와 아래가 모두 육각형의 위와 아래 변을 침투한 그림인 경우가 많다. 어떤 경우이든 이것은 피검자가 세상을 매우 갑갑한 것으로 지각하고 있다고 가정된다. 다시 말하면, 개인은 다른 사람들의 요구와 기대에 의해서 매우 압박감을 느끼고 있음을 시사한다. 사람들이 그를 통제하고 싶어 한다는 신념을 갖고 있다는 것으로 해석할 수 있다.

만일 도형 8에서 가중묘사가 나타난다면, 육각형보다는 다이아몬드의 그림에서 보다 자주 나타난다. 다이아몬드가 과장되어 있으면서 가중묘사가 나타난다면([그림 6-26] (b) 참조), 이는 개인이 세상으로부터 압박을 받고 있을 뿐만 아니라 그런 압박에 대해서 상당한 긴장과 적대감을 갖고 있는 것으로 가정된다.

앞서 언급한 투사적 지표와 함께 빈번히 나타나는 또 다른 특징은 경사이다. [그림 6-26] (c)에서 가중묘사와 다이아몬드의 과장된 크

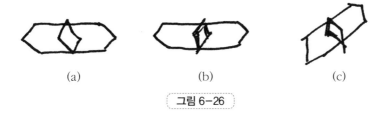

(a)   (b)   (c)

그림 6-26

기 외에도 위로 향한 경사를 볼 수 있다. 이러한 그림은 내부적으로 경험하고 있는 긴장과 통제에 대한 개인의 반응이 아마도 밖으로 표출될 것이라는 점을 암시한다. 즉, 대인 갈등이 내면적으로 남아 있는 것이 아니라 사회적 맥락에서 행동화될 가능성이 크다는 것이다.

도형 8과 관련하여 논의될 수 있는 또 다른 이상하고 특이한 특징은 육각형의 그림에서 각이 진 부분에 간격이 있거나, 선이 끊겼거나, 선이 정해진 위치를 통과한 경우이다. 이러한 모든 경우는 자아방어의 실패를 예고하는 것으로 가정되기 때문에 이 같은 경우가 발생할 때는 특별히 관심을 기울여야 한다.

도형 8을 모사하는 과정에서 피검자는 육각형의 양쪽 끝에 각이 진 부분에 간격을 두고 그리는 경우([그림 6-27] (a) 참조)가 간혹 있는데, 이러한 간격은 충동 통제의 상실을 나타내는 지표일 수 있다. 이러한 간격은 육각형에서 각이 덜한 지점에서 나타날 수도 있다 ([그림 6-27] (b) 참조). 이와 유사한 것으로 육각형이, 드물게는 다이아몬드가 많이 깨진 선으로 그려진 경우([그림 6-27] (c) 참조)도 있을 수 있다. 선의 깨짐은 약화된 자아통합을 시사한다.

[그림 6-27] (d)처럼 각이 끝나는 지점에 선이 멈추지 않고 통과되는 경우도 더러 있다. 이러한 특징은 자아통합이 약화되었고, 개인의 정서적 적응이 빈약할 수 있음이 가정된다. 여기에는 보통 자신

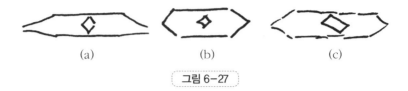

(a)　　　　　(b)　　　　　(c)

그림 6-27

이 통제할 수 없다고 지각하는 내적 · 외적 힘의 개인적 취약함에 대
한 인식이 수반된다. 그러한 개인들은 '무엇인가 나쁜 것'이 발생할
수 있다는 두려움을 가지고 있기 때문에 그들의 일상적인 활동에 대
처해 나갈 때 매우 걱정할 것이라는 점을 예상해 볼 수 있다.

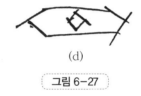

(d)

그림 6-27

2. 도형 모사 결과를 이용한 해석상담 사례

앞서 각 도형별로 그 상징적 의미와 해석적 가정에 대해 살펴보았
다. 이를 토대로 상담장면에서 내담자가 BGT 도형을 모사한 결과에
대해서 해석상담을 어떻게 진행할 수 있는지 한 사례를 살펴보기로
한다(조성희, 신수경, 2019: 104). 내담자는 군대를 다녀온 25세의 대학
생으로 자신에 대해 무기력감을 느끼고, 대인관계에서 좋은 관계를
유지하고 싶어 하지만 지나치게 예민하고 관계 형성에 긴장감과 불
안감을 가지고 있다. 이 내담자가 BGT의 도형을 모사한 결과는 [프
로토콜 6-1]과 같다.

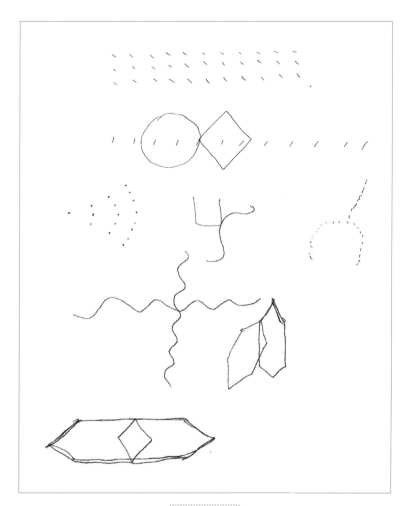

프로토콜 6-1

상담자: ○○ 님이 그린 9개의 도형을 보도록 합시다. 도형 A와 도형 1이 겹쳐져서 그려져 있군요. 그리고 도형 7과 도형 8을 그릴 때 잘 그리려고 애쓴 모습이 보입니다. 도형의 크기는 원본에 비해서 도형 8이 크게 그려져 있습니다. 한편, 원으로 그려진 도형 2를 짧은 선으로 나타내기도 하셨군요. 도형 A는 자신과 어머니와의 관계 또는 이성과의 관계를 상징한다고 합니다. 이 도형의 중간을 다른 도형으로 가로질러 그리셨습니다. 저의 이야기를 들으면서 어떤 생각이 드세요?

내담자: 요즘 여자 친구를 사귀고는 싶은데 연애가 생각처럼 쉽지 않더라고요. 이성에 대해서 눈을 뜨고 관심을 가지게 되었던 것이 고3이니까 제 친구들과 비교해서는 늦었다고 생각이 드는데, 당시 대입이라는 스트레스도 있고 전공 선택과 관련해 어머니와 갈등도 있어서 더욱 여자 친구에게 의존했던 것 같아요. 그런데 대학에 진학하면서 여자 친구와 사이가 멀어졌고, 지금은 나의 단짝이던 친구와 크게 싸우면서 매우 불편한 시간을 보내고 있습니다. 그래서인지 우울하고 무기력하게 느낄 때가 종종 있어요.

상담자: 기대만큼 대학생활이 행복하지는 않은 것 같네요. 어머니와 어느 정도 친밀하신지 궁금합니다.

내담자: 초등학교 5학년까지 별다른 어려움 없이 살았는데 부채가 커지면서 부모님이 부부싸움을 자주 하게 되었고, 제가 너무 힘들어서 방황을 했던 것 같아요. 중학교에 입학해서는 일진 친구들과 어울리면서 학교도 빠지고 '삐딱선을 타면서' 부모님

속을 썩였어요. 고등학교 때는 집에서 멀리 떨어져 학교 기숙사에 살면서 더욱 부모님과의 거리가 소원해진 거죠. 성적이 잘 안 나오니까 부모님이 저에 대한 기대를 저버리셨는지 무관심해지시더라고요.

상담자: 부모님과의 관계와 절친과의 관계의 어려움이 도형 7에서 나타났군요. 심리적인 상처를 받아서 긴장하고 있는 모습으로 보이네요. 도형 8을 원본보다 크게 그리고 덧칠한 것은 ○○ 님이 환경적 압력을 느끼고 현재의 삶이 갑갑하다고 지각하는 것을 보여 주는데 어떻게 생각하세요?

내담자: 네, 제 옆에 아무도 없는 것 같아요. 지금은 자취를 하면서 혼자 살고 있는데 학기 중에는 집에 가지 않아요. 그렇다고 선후배가 있는 것도 아니고 빨리 취업이나 해서 여기를 떠나야겠다는 생각뿐이지요. 혼자 누워서 있노라면 '내가 왜 사는 걸까? 이렇게 살다가 내 삶이 끝이 나나?'라는 우울한 생각도 듭니다.

상담자: 이 그림은 ○○ 님의 마음이 외롭고 힘들다는 것을 느끼게 해 줍니다. 부모님, 절친, 이성과의 관계 욕구도 이야기했어요. 그중에서 상담을 통해서 가장 먼저 달성하고 싶은 것은 무엇일까요?

제**7**장
언어적 연상의 해석

1. 자발적인 언어적 행동

BGT의 투사적 성질을 극대화하기 위해서는 피검자에 대한 언어
적 반응을 이끌어 내는 것이 유용하다. 피검자들이 검사 수행 전·
중·후에 자발적으로 언어적 반응(설명, 논평)을 할 수 있다. 행동관
찰자로서 훈련을 받은 대부분의 검사자는 그러한 말을 민감하게 귀
담아듣는데, 특히 그러한 말이 개인의 인성과 분명히 관련이 있는 감
정, 능력 혹은 과거의 경험에 관한 것을 말해 줄 때 그러하다.

예를 들면, "저는 잘 그리지 못합니다."라든가 "잘 못 그린 것 같습
니다만, 저 나름대로는 최선을 다한 것입니다."와 같은 말은 자기평
가에 관한 것으로서 피검자의 자아개념이나 실제적·상상적 비평에

대한 대처 방식에 관한 단서를 제공해 줄 수 있다. 이와 마찬가지로 "크기를 똑같게 그려야 합니까?"라든가 "원을 모두 그려야 합니까?"와 같이 어떻게 그려야 하는가에 대한 질문들은 권위에 대한 의존성과 방어성과 같은 특성을 시사한다. 또한 "내가 검사를 마쳤을 때 당신은 이것을 가지고 무엇을 하려고 합니까?"라든가 "이러한 것을 하라고 요구받을 때마다 무엇인가 나에게 나쁜 일이 발생합니다."와 같은 말은 검사자와 다른 권위 있는 인물에 대한 태도와 신뢰의 문제를 시사한다.

표면적으로 보면 의미가 없고 인성평가 과정과 관련이 없어 보이는 단순한 단어, 구절, 문장에도 강조를 두어야 한다. 이러한 말들을 분석해 보면 종종 유용한 통찰을 얻을 때가 많다. 그러므로 검사자들은 피검자에 의해 쏟아지는 어떠한 언어적 의사소통도 심리학적으로 의미가 있으며, 인식의 수준은 다를지라도 동시에 여러 메시지를 담고 있다는 가정을 해야 한다. 따라서 피검자의 말은 표면적인 의미뿐만 아니라 잠재된 상징적 의미를 고려하면서 검토되어야 한다.

또한 피검자의 언어화가 이루어지는 상황이나 맥락을 고려하는 것도 매우 중요하다. 예를 들어, 한 성인 남자에게 도형 A를 제시한 후 모사하라고 했을 때 그는 혼잣말로 "이 방향으로 돌릴 수 있겠지."라고 하였다. 그때 그가 자극카드를 마름모가 위에, 원이 밑에 가도록 시계 반대 방향으로 90° 회전하는 것이 관찰되었다. 표면적으로 보면, 그 말 혹은 그가 취한 행동은 자극카드를 수평적 위치가 아닌 수직적 위치로 놓으면 모사하기가 더 쉬울 것이라는 생각을 표현하는 것으로 볼 수 있다. 그러나 심리역동적인 측면에서 보면, 그 말은 어머니 혹은 다른 중요한 어떤 인물과의 관계에 있어서 지배성을 유지하고자 하는 의식적 혹은 무의식적 욕구를 나타내는 것이라고 가정할 수 있다. 다시 말하면, 그는 관계에 있어서 '위에' 있고 싶은 욕구를 느끼고 있는 것이다. 다른 도형이 아닌 도형 A에 대한 반응의 상황에서 피검자가 그렇게 말했다는 것은 그러한 가정을 가능하게 해 준다.

다른 예를 들면, 한 젊은 여성이 도형 7에서 두 육각형을 교차시키고자 할 때 자기 자신에게 '나는 저것을 제대로 그리기가 어려운데'라고 말한다면 이 말은 표면적으로 보면 도형 모사를 정확하게 하지 못할 것이라는 피검자의 기대, 예상을 나타내는 것이다. 그러나 도형 7에서의 이러한 말은 아버지 혹은 권위 있는 다른 인물과의 해결되지 않은 기본적인 갈등에 대한 인식을 무의식적으로 나타내는 것이라고 가정할 수 있다.

2. 자유연상과 투사적 해석

BGT 실시의 자유연상단계에서 투사적 평가에 대한 보다 깊은 해석적 결과를 증명해 보이기 위해서 여러 피검자가 9개의 도형 각각에 대해서 이루어질 수 있는 몇 가지 형태의 연상과 그 투사적 해석의 예를 제시하기로 한다(Perticone, 1998). 여기서 Q는 검사자의 탐색을 가리키고, IRT는 최초반응시간을 가리킨다.

피검자로부터 획득된 연상에 관한 가정을 검토할 때 앞의 장에서 살펴본 각 도형의 상징적 의미를 염두에 두는 것이 중요하다. 그리고 각 도형에 대한 연상과 그에 따른 투사적 가정을 검토할 때 자료로부터 확증할 수 있는 다른 해석이 가능하다는 열린 자세를 가지는 것이 필요하다. 그러므로 검사자는 언어적 연상에 관한 가정을 형성함에 있어서 "그 말이 그 밖에 전달하고자 하는 메시지가 무엇인가?" 하고 생각해 보아야 한다. 또한 언어적 연상을 해석할 때 최초반응 시간, 말하기를 주저함과 같은 피검자의 수행에 관한 관찰 사항과 연령, 결혼 여부, 성별과 같은 피검자에 대한 부수적인 정보를 고려하는 것이 중요하다.

〈도형 A〉

연상 (청년 중기의 여성)   IRT: 03″

"난자를 침투하고자 애쓰는 정액. 그것은 내가 생각할 수 있는 전부입니다."

투사적 해석

성에 대한 편견. 성에 몰두하고 있지만 갈등을 겪고 있다. 강박적 경향

연상 (성인 남성, 미혼)   IRT: 13″

"그것은 표지판 같아요…… 길 위의 표지판…… 멈춤 표지판과 조심 표지판과 같은……."

투사적 해석

피검자의 마음속에 관계에 대한 의심이 지배적이다. 관계가 빨리 진행되는 것은 위험하며, 따라서 함께 참여하는 것을 멈추어야 한다는 두려움이 있다.

2. 자유연상과 투사적 해석   159

연상 (성인 여성, 미혼)   IRT: 08″

"내가 그것을 처음 보았을 때, 당신이 경멸하는 물건처럼 보였어요…… 네모난 못과 둥근 못처럼. 공중에 떠 있는 것 같아요."

투사적 해석

중요한 타인, 아마도 어머니와의 잘못된 관계 혹은 어떤 사회적 상황에서의 부적절감에 대한 지각. 모순이 암시되어 있다. '공중에 떠 있는 것' 같다는 것은 관계 혹은 상황에 대한 경멸적인 태도와 관계 혹은 상황으로부터 자신을 멀리 두고 싶은 바람을 시사한다.

연상 (성인 여성, 기혼)   IRT: 10″

"서로 대립하고 있는." (Q) "남자와 여자."

투사적 해석

결혼생활에 대한 곤란. 의식적으로 인정될 수 있거나 없는 모순에 대한 지각

〈도형 1〉

연상 (청년 후기의 남성)   IRT: 36″

"나의 마음은 텅 비어 있어요…… 잘 모르겠어요…… 잘 모르겠어요…… 그것은 상상컨대 창살 같아요. 교도소 독방 같아요."

투사적 해석

덫에 갇힌 느낌. 벌과 제약을 받고 있다는 의식. 억압과 부정
이 방어기제로 사용되기 쉽다.

연상 (청년 후기의 여성)   IRT: 08″

"그것은 꼭 길 중간에 그어진 점선같이 보여요…… 그래서 당
신이 어디로 가고 있는지를 알 수 있어요."

투사적 해석

불안정감. 독립적으로 행동하는 것에 대한 주저함. 일대일 관
계 상황에서 상대방의 기대에 따름. 완벽주의적 경향

연상 (성인 초기의 남성)   IRT: 12″

"당신이 아이들을 가르치기 위해 사용하고 있는 책들 속에서
발견할 수 있는 점들 같아요. 무엇인가 빠진 듯한 것들이 연
결될 필요가 있을 것 같아요."

투사적 해석

퇴행적 경향 혹은 미성숙. 소외감. 의미 있는 일대일 관계에
대한 만족되지 않은 욕구

연상 (성인 후기의 남성)   IRT: 09″

"개미들." (Q) "일렬로 행진하고 있는 작은 개미들."

투사적 해석

열등감. 다른 사람들의 기대와 기준에 따르고자 하는 압력.
권위에 대한 복종. 자발성의 결여

〈도형 2〉

연상 (청년 후기의 남성)   IRT: 11″

"사람의 눈. 어둠 속에 많은 눈이 있어요……. 그들이 당신을
보고 있어요."

투사적 해석

과대망상. 주위 환경을 위험한 것으로 지각

연상 (성인 초기의 여성)   IRT: 06″

"그것은 어떤 종류의 집단에서 사람들이 무리지어 있는 것 같
아요. 그들은 좋은 시간을 보내고 있는 것 같고…… 아마도
춤을 추고 있는 것 같아요. 그들이 서로 동시에 몸을 흔들고
있는 것처럼 보입니다."

투사적 해석

사회적 관심. 외향성. 집단 활동에 참여하고 싶은 바람. 사회
적 불안감이 없음

연상 (성인 여성)   IRT: 30″

"원이 많고 정렬하기가 어렵기 때문에 나는 이것을 아주 싫어
해요…… 생각해 보건대 청중같이 보입니다."

투사적 해석

집단 상황에서의 불편함과 불안정감을 경험. 다른 사람들로
부터 조사를 받고 있는 것처럼 느낌. 동조에 대한 압박감. 다
른 사람들의 지각이나 행동에 영향을 미치고 싶은 바람이 있

지만 그렇게 할 수 있을지에 대한 의문감

연상 (성인 여성)   IRT: 08″

"앗, 이상한데! 그것은 무엇인가 나로 하여금 관찰하도록 합니다. 어떤 관점에서…… 묘비가 열 지어 늘어서 있는 것같이…… 나는 말하고 싶지 않았어요…… 나는 그것을 말하고 싶지 않았어요."

투사적 해석

병적임. 죽음이나 상실과 관련된 삶의 경험을 이해할 필요가 있지만, 그것에 대해 생각하는 것을 피하고자 함. 그럼에도 불구하고 생각이 밀고 들어옴. 불유쾌한 감정과 사고로부터 벗어나기 위하여 부정의 방어기제에 의존함

〈도형 3〉

연상 (초등학교 여학생)   IRT: 05″

"오, 오, 소년! 이것은 예쁜 크리스마스트리 같아요. 그렇지만 이렇게 해야 해요." [자극카드를 오른쪽 방향으로 90° 회전한다.] "당신도 이것을 좋아하나요?"

투사적 해석

연령에 적합한 반응. 자발적인 아이인 것 같음. 주장적이지만 여전히 그녀의 행동이 수용될 수 있는지 성인으로부터 보증이 필요함. 권위에 대한 존경

연상 (성인 초기의 남성)   IRT: 14″

"그것은 정말이지 어느 방향으로 날아갈 수 있는 창(槍)의 머리 같아요. 어느 방향으로 가는지는 알 수 없어요. 한쪽 끝은 매우 날카롭고, 다른 한쪽 끝은 그렇게 날카롭지 않네요. 전체적인 것이 통합되어 있지 않은 것 같습니다."

투사적 해석

자기주장. 그것이 취해야 할 형태와 방향에 대한 뚜렷한 양면감정 병존. 중요한 결정을 해야 할 상황에 직면했을 때 자아강도가 약해질 수 있다.

연상 (성인 초기의 여성)   IRT: 04″

"저는 그것을 과정으로서 봅니다…… 분명히 성장 과정에 있지요. 그것은 계속 형성 중에 있습니다."

투사적 해석

개인적 발달과 자기발견을 위한 욕구. 자기동기화와 자기인식이 나타남. 추상적 개념을 형성하는 능력

연상 (전투 경력이 있는 성인 남성)   IRT: 03″

"아, 야단났네! 전투하고 있는 경험이 떠올라요. 군복이 있습니다."

투사적 해석

정신적 충격. 외상 후 스트레스 장애

〈도형 4〉

연상 (초등학교 여학생)   IRT: 08″

"저는 누군가가 무엇을 가지고 머리를 때리고 있다고 생각 해요."

투사적 해석

아마도 어머니와의 관계에 있어서 비난을 받고 있다는 감정. 중요한 타인으로부터 적대감이 예상됨

연상 (성인 남성, 미혼)   IRT: 04″

"이것은 여자의 가슴처럼 보입니다. 저는 위가 열려 있는 사 각형을 만져 본 적이 없어요…… 젖꼭지일 것 같은 오른쪽 지 점을 제외하고는요."

투사적 해석

미숙한 성적 몰두. 심리성적 고착과 해결되지 않은 오이디푸 스 콤플렉스. 어머니 혹은 다른 여성과의 관계에 있어서 적 대감

연상 (성인 여성)   IRT: 27″

"흠."(한숨을 쉬다가) "갈등하고 있었어요. 부드럽고 딱딱해 요…… 서로 충돌하고 있어요." (Q) "상자같이 생긴 것은 딱딱 해요…… 텅 비어 있고 딱딱해요."

투사적 해석

대인 간의 갈등과 좌절. 중요한 타인, 아마도 어머니를 비타

협적이고 양육이나 지원을 할 수 없는 존재로 지각

연상 (성인 남성)   IRT: 16″

(머리를 흔들면서) "이것들은…… 저는 이것들이 함께 어울리는 것을 싫어합니다." (Q) (머리를 흔들면서) "저는 이것들이 함께 어울려 일할 수 없다고 봅니다."

투사적 해석

중요한 타인, 아마도 어머니와의 대인관계 곤란. 비양립성과 절망을 지각. 그 자신의 지각으로부터만 문제를 보는 경향이 있음. 개선의 예후가 적음

〈도형 5〉

연상 (초등학교 남학생)   IRT: 04″

"그것은 이글루입니다. 적군으로부터 공격을 받고 있어요. 우르르, 꽝!"

투사적 해석

거부적이고 불만족스런 가정환경. 가정에 대한 적대적인 충동. 방어로서 환상 사용

연상 (청년 초기의 여성)   IRT: 02″

"그것은 폭발하는 유성 같아요. 불길이 타오르고 있어요. 많은 열에너지를 내뿜어요."

투사적 해석

누적된 긴장. 성에 대한 인식. 가족환경 내부의 경험이나 환상을 내포할 수 있음. 남근 숭배. 학대의 가능성

연상 (성인 초기의 여성)   IRT: 06″

"안 돼! 그것은 가죽 끈을 가진 마구일 수 있어요…… 아마도 개에게 사용할 수 있을 거예요. 그게 개의 인생이니까요!"

투사적 해석

다른 사람들로부터 통제와 억압을 받고 있다는 지각. 불행을 느끼지만 체념하는 듯함

연상 (성인 여성, 미혼)   IRT: 11″

"무엇보다 마음속에 떠오르는 것은 보호입니다. 반원 안에 무엇인가 있습니다…… 그리고 침략자로부터 보호받고 있습니다."

투사적 해석

양면감정. 가정을 안전한 것으로 봄. 또한 가정환경으로부터 야기되는 불안에 대한 반대 감정의 반응일 수 있음. 성적 불안의 경험. 침투에 대한 불안

〈도형 6〉

연상 (성인 초기의 여성)   IRT: 15″

"이것은 두 사람이 교차하여 지나가고 있는 두 길입니다. 한 사람은 다른 사람보다 빨리 가고 있습니다. 너무나도 빠르게요."

투사적 해석

아마도 특정한 관계에 있어서 동기유발의 차이에 대한 인식. 그 결과에 대한 불확실성과 걱정

연상 (성인 남성, 미혼)　　　　　　　　　　　　　　　　IRT: 05″

"결국은 산꼭대기에서 서로 만나는 두 개의 꾸불꾸불한 길이 우리 앞에 놓여 있다고 생각합니다."

투사적 해석

정서적 동요의 경험. '우리'라는 대명사의 사용은 대인관계를 시사하는 것으로, 대인관계의 곤란을 지각하고 있는 것 같음. 최종 결과에 대해서 낙관적인 태도를 보임. 고집적인 경향

연상 (성인 남성)　　　　　　　　　　　　　　　　　　IRT: 05″

"글쎄요, 이것은 숲속을 지나 흐르는 개울 같아요. 다른 하나는 숲속으로 흘러들어 가는 개울이고요. 이 개울은 낚시하기에 좋아요. 여기 오른쪽은 두 개울이 만나고 있는 곳이에요."

투사적 해석

정서적 균형. 느긋한 기질. 레크리에이션에 대한 관심. 그가 정서적으로 만족감을 느끼고 있는 대인관계를 반영하는 것일 수도 있음

연상 (성인 여성)　　　　　　　　　　　　　　　　　　IRT: 02″

"우! 그것은 빌어먹을 롤러코스터예요. 왔다 갔다, 왔다 갔다.

나는 도대체 그들이 왜 그것을 놀이공원으로 부르는지 모르
겠어요!"

투사적 해석

기분의 변화가 심함. 양극성 기분장애의 가능성. 정서적 좌절

〈도형 7〉

연상 (초등학교 남학생)   IRT: 07″

"땅딸막한 분필…… 당신이 그것을 가지고 열심히 쓰지요. 그
것들은 모두 부러졌어요."

투사적 해석

아마도 학교 공부와 관련한 부적절감. 학습 문제를 갖고 있을
가능성이 있음

연상 (청년 후기의 여성)   IRT: 11″

"즉시 마음속에 떠오르는 것은…… 자동차 사고입니다. 서로
정면으로 충돌한 두 대의 자동차 사고요."

투사적 해석

아버지 혹은 다른 권위 있는 인물에 대한 적대감과 대인관계
갈등. 순종보다는 거부의 경향성

연상 (성인 초기의 여성)   IRT: 12″

"쓰레기 더미에 던져 버려진 것처럼 끽소리 못하는 쥐들을 생
각나게 합니다."

투사적 해석

열등감. 학대 경험의 가능성. 대체로 아버지 혹은 남자에 대한 두려움

연상 (성인 여성, 기혼)   IRT: 17″

"반대 방향으로 서로 기대어 있는 두 개의 수정을 생각나게 합니다……. 서로 옆에 놓여 있지만 아무 말이 없습니다. 그들은 딱딱합니다."

투사적 해석

남성, 아마도 남편이나 아버지와의 관계에 있어서 심한 좌절. 결혼생활의 어려움. 애정 욕구의 결핍 경험. 문제를 협의하고 논의할 수 있는 능력 부족. 결과에 대해 비관적임

〈도형 8〉

연상 (성인 초기의 남성)   IRT: 09″

"그것은 전체가 분열되어 있는 것처럼 보입니다. 조그마한 것이 하나 있는데…… 폭발했어요. 폭발된…… 아니면 폭발되고 있는 저 조그마한 것을 보세요!"

투사적 해석

환경적 압력에 대한 정신적 부담감. 통제 상실이 곧 닥칠 것이라는 예상. 자기와 타인에 대한 위험 지각

연상 (성인 남성)   IRT: 40″

(카드의 뒤를 보며) "이것은 딱딱합니다…… 이것을 가지고 무엇을 해야 하는지 모르겠어요…… " (카드를 회전하며 원래의 위치로 돌려놓으며) "제가 생각하기에…… 사람의 눈인 것 같아요. 중앙은 학생인 것 같아요. 그래요, 맞아요. 비록 완전하지는 않지만요." (Q) "당신을 바라보고 있다고 생각해요……아니면 당신을 지켜보고 있는 것 같아요."

투사적 해석

생활공간에서의 불안정감. 다른 사람들에 의해 조사받고 있다는 의식. 자신의 수행에 대한 자기평가 및 의식. 권위 있는 인물의 잘못을 인식하고 있지만, 그들의 기대나 의견에 민감함. 강박관념의 경향. 환경을 비판적이고 적대적인 것으로 보는 경향이 있음. 과대망상

연상 (성인 초기의 여성)   IRT: 05″

"우유부단." (Q) "중심 주제가 있지만 그것을 살펴보는 두 가지 방식이 있습니다. 보시다시피 그것은 반대 방향을 가리키고 있습니다만 양쪽 면에서 똑같이요."

투사적 해석

삶의 방향에 있어서 중요한 양면감정을 경험하고 있음. 갈등이 해결되지 않도록 선택권이 동등함

연상 (성인 여성, 기혼)   IRT: 12″

"저런, 이것은 결혼반지를 경멸의 눈으로 바라보고 있는 당신
같아요. 이것은 결혼반지가 그려진 그림입니다. 다이아몬드
가 아닌 그림이에요…… 값어치 있게 보이도록 한 것이지요."

투사적 해석

결혼에 대한 불만족. 결혼한 것에 대한 후회의 가능성. 만족
스러운 관계 상황을 유지하기 위하여 에너지를 쏟음

3. 선택적 연상과 투사적 · 임상적 의미

선택적 연상단계는 피검자의 연상의 방향에 대하여 검사자가 보다
영향력을 행사하면서 더 깊이 성격적 투사의 기회를 제공하는 데 그
목적이 있다. 피검자가 언어적으로 반응을 하든, 손으로 가리켜 반응
을 하든 간에 어떤 반응을 보이면 검사자는 자극카드의 번호와 주어
진 설명을 기록한다. 검사자는 피검자의 배경에 따라 임상적으로 관
련이 있을 수 있는 보다 깊은 연상을 이끌어 낼 수도 있다. 실제 연상
내용과 함께 목소리의 음색이나 크기, 얼굴 표정, 손톱 뜯기 등의 신
경증적 증후와 같은 부수적인 비언어적 의사소통에도 관심을 기울여
야 한다. 선택적 연상단계에서 주어지는 공통된 질문은 다음과 같다.

• "가장 좋아하는 도형은 어느 것입니까?"
• "가장 싫어하는 도형은 어느 것입니까?"

- "어머니를 생각나게 하는 도형은 어느 것입니까?"
- "아버지를 생각나게 하는 도형은 어느 것입니까?"
- "당신 자신을 생각나게 하는 도형은 어느 것입니까?"

이 외에도 피검자의 성, 연령, 결혼 여부, 겪고 있는 문제에 따라 부모, 배우자, 자녀, 형제자매, 직장 상사나 부하 직원, 교사 등 피검자의 삶에 관련이 있다고 보이는 사람들을 생각나게 하는 도형은 어느 것인지를 질문할 수 있다. 몇 가지 사례를 통해 선택적 연상의 절차와 그 단계가 가지는 투사적 · 임상적 의미를 살펴보기로 한다(Perticone, 1998).

1) 초등학교 여학생의 사례

"가장 좋아하는 도형은 어느 것입니까?": "저는 이것을 가장 좋아해요." 도형 A의 카드를 집어 검사자에게 건넨다. [검사자는 건네받은 카드를 제자리에 갖다 놓는다.]

"가장 싫어하는 도형은 어느 것입니까?": 머리를 떨군다. 실시 중에 처음으로 검사자와 눈을 맞추지 않는다. "이것을 그저 싫어할 따름이에요." 도형 5의 카드를 만진다.

"어머니를 생각나게 하는 도형은 어느 것입니까?": 눈맞춤이 다시 이루어진다. "이것입니다." 도형 A의 카드를 집어 검사자에게 준다. [검사자는 건네받은 카드를 제자리에 갖다 놓는다.]

"새아버지를 생각나게 하는 도형은 어느 것입니까?": "이것인데요."
[도형 7을 가리키면서] "왜냐하면 이것은 바위 같아요." [도형 7에
서 인출된 이전의 자유연상 참조]

"선생님을 생각나게 하는 도형은 어느 것입니까?": "이것은 나의 선
생님이에요." 도형 1의 카드를 만지며 웃는다.

"당신 자신을 생각나게 하는 도형은 어느 것입니까?": "중간에 물건
이 있는 이것이요." 도형 8의 카드를 집어 검사자에게 준다.

이 사례에서 아이가 "가장 좋아하는 도형은 어느 것입니까?"라는
검사자의 처음 지시에 반응할 때, "저는 이것을 가장 좋아해요."라고
검사자의 말을 반복하고 있다. 이는 권위 인물을 기쁘게 하려는 아
이의 바람을 나타내는 증거일 수 있다. 이것은 또한 과제에 대한 적
극적인 참여, 즉 카드를 집어 검사자에게 건네는 것에 의해서 시사
된다. 가장 좋아하는 도형으로 도형 A를 선택한 것은 어머니와의 관
계가 긍정적일 것이라는 점을 암시한다.

가장 싫어하는 도형으로 도형 5를 선택한 것은 가정환경에 있어
서 아이의 경험이 만족스럽지 못한 것으로 지각하고 있음을 시사한
다. 아이는 이번에는 검사자의 말을 따라 하지 않고 "이것을 그저 싫
어할 따름이에요."라고 말하고 있다. 아이의 말에서 표면적으로 보
아 불필요한 것으로 보이는 '그저'라는 단어를 사용하고 있는데, 이
는 어떤 것을 싫어하는 아이의 감정이 일반적인 태도가 아니라는 것

을 말하는 것일 수 있다.

'어머니'라는 자극단어에 대한 아이의 반응은 도형 A의 선택으로 나타났는데, 이것은 어머니와의 강한 결속관계를 암시한다. 검사자와 다시 눈맞춤을 시도하는 것은 이전의 심적 방어가 지나갔으며, 심리내적 스트레스에서 벗어났음을 표시하는 것이다.

새아버지에 대한 연상을 요구받았을 때 아이는 도형 7의 카드를 가리키지만 그 카드를 신체적으로 접촉하는 것을 피하고 있다. 다른 카드들을 집거나 만지는 경향에 견주어 볼 때, 이 카드에 대한 접촉의 회피는 실제로 새아버지와 관계하는 것을 피하고 싶은 아이의 바람을 나타내는 것일 수 있다. 도형 7에 대한 아이의 자유연상 내용이 '바위'이고, 또한 이 도형을 선택한 이유가 '바위' 같다고 자발적으로 평한 것은 새아버지를 관계하기가 어렵거나 애정이 없는 존재로 지각하고 있음을 가리키는 것일 수 있다.

선생님을 생각나게 하는 도형은 어느 것인가라는 질문을 받았을 때 아이는 도형 1을 선택했으며, 그 자극카드를 신체적으로 접촉하고 웃는다는 것은 아이의 삶에 있어서 이 지배적인 사람에 대해 만족스러운 태도를 갖고 있다는 것을 시사한다. 도형 1의 선택은 아이가 자신과 선생님 간에 일대일의 관계가 형성되었다고 지각하거나 그러한 개별적인 관계를 형성하고 싶은 바람을 반영하는 것일 수 있다.

자기 자신과의 연상으로서 도형 8의 선택은 아이가 자기 자신과 자신의 삶의 공간을 잘 인식하고 있다는 것을 시사한다. 육각형 안의 다이아몬드를 가리키는 '중간에 있는 물건'에 주의를 환기하고 있는 것은 아이가 자기 자신을 문자 그대로 어떤 상황의 중간에 있는 것으로 지각하고 있다는 것을 투사적으로 말하고 있는 것일 수 있

다. 이것은 앞서 언급한 가정과 연관 지어 볼 때, 아이가 한편으로
어머니와의 관계 그리고 다른 한편으로 새아버지와의 관계에 있어
서 자신이 지각한 위치에 주의를 환기하고 있다고 해석할 수 있다.

2) 청년 후기 여성의 사례

"가장 좋아하는 도형은 어느 것입니까?": 집게(검지)손가락으로 도
형 3을 만진다. 잠시 한숨을 쉬고는 "아니요, 이건 잊어버리세
요."라고 말한다. 도형 2를 만지고는 "이게 더 마음에 들어요."
라고 말한다.

"가장 싫어하는 도형은 어느 것입니까?": 집게손가락으로 도형 8을
만진다. 눈에 약간 눈물이 어렸다.

"어머니를 생각나게 하는 도형은 어느 것입니까?": 집게손가락으로
도형 1을 만지면서 머리를 끄덕인다.

"아버지를 생각나게 하는 도형은 어느 것입니까?": 한숨을 쉰다. 도
형 5를 가리킨다.

"남자 친구를 생각나게 하는 도형은 어느 것입니까?": 도형 7을 왼
쪽으로 옮겨 놓는다.

> "당신 자신을 생각나게 하는 도형은 어느 것입니까?": 집게손가락으로 도형 8을 만진다.

이 사례에서 피검자의 처음 반응은 비언어적이다. 가장 좋아하는 도형으로 도형 3을 가리키다가 마음을 바꾸어 도형 2를 선택하였다. 이러한 행동적 순서는 자기주장적이거나 혹은 어떤 목표를 향해 나아가고자 하는 바람의 표현인 것으로 보인다. 이러한 점을 상징적으로 말하고 있다는 것에 의해서 그녀가 갈등을 경험하고 있고, 자기 충동을 부정하거나 억제하고 싶은 욕구를 느끼고 있다는 것이 가정된다. 이것은 "아니요, 이건 잊어버리세요."라는 그녀의 말에 의해서 시사된다. 다른 도형을 가리킬 때 "이게 더 마음에 들어요."라는 말은 진정한 그녀 자신이 아닌 초자아의 가치에 굴복했음을 시사하는 것 같다. 첫 번째 선택에 있어서 한 번 선택했다가 다시 다른 것을 선택한 것은 그녀가 자신의 개별성을 표현하기보다는 집단의 사회적 활동에 참여하고 있음을 가리키는 것일 수도 있다.

가장 싫어하는 도형으로 도형 8을 선택한 것은 피검자가 자신을 둘러싼 삶의 환경에 있어서 불만족을 경험하고 있다는 것을 가리키는 것일 수 있다. 그녀가 자신의 상황에 대해 불행을 느끼고 있다는 것은 반응 과정에서 눈물을 글썽거린 점에 비추어 암시받을 수 있다. 그리고 비언어적 의사소통으로 반응한 것은 그녀가 자기표현을 억제하고 있고, 자신의 상황을 수동적이면서 고통스럽게 수용하고 있음을 시사한다.

피검자로 하여금 어머니를 생각나게 하는 도형으로 도형 1을 선택하고, 중요한 인물과의 관계에 대한 그녀의 감정을 비언어적으로 반응하고 있다. 그러나 마치 인정하는 것처럼 머리를 끄덕인 것은 어머니와의 관계를 긍정적으로 보고 있다는 표시일 수 있다. 이러한 해석은 검사 실시의 첫 번째 단계와 두 번째 단계에서 형성된 가정에 의해서 지지될 수 있다.

아버지를 생각나게 하는 도형으로 도형 5를 선택한 것은 피검자가 아마도 아버지를 가족 집단의 가장 중심적인 힘을 가진 존재로 지각하고 있음을 가리키는 것 같다. 즉, 가족의 영향이 있다면 그것은 아버지에 의해 제시된 본보기로부터 주로 연유하는 것일 수 있다.

남자 친구를 생각나게 하는 도형으로 도형 7을 선택한 것은 그녀의 주의초점이 아버지로부터 남자 친구에게로 옮겨 갈 수 있음을 시사한다. 이것은 남자 인물과의 보다 만족스러운 관계를 표현하는 것일 수 있다.

자기 자신을 생각나게 하는 도형으로 도형 8을 가리킨 것은 가장 싫어하는 도형에 대한 반응으로부터 가정된 것과 마찬가지로 삶에 대한 불만족을 시사한다. 그리고 또한 부정적인 자아개념의 표시일 수도 있다. 도형 8의 모사에 대한 지각운동 수행과 도형 8에 대한 자유연상 내용을 살펴보는 것이 이러한 해석을 지지 혹은 명확히 하는 데 도움을 줄 수 있다.

3) 미혼 성인 남성의 사례

"가장 좋아하는 도형은 어느 것입니까?": 도형 4를 가리킨다. 집게 (검지)손가락으로 카드를 툭 친다.

"가장 싫어하는 도형은 어느 것입니까?": 결정하지 못한다. 결국은 가운뎃(중지)손가락으로 도형 7을 똑똑 두드린다.

"어머니를 생각나게 하는 도형은 어느 것입니까?": 도형 4를 가리킨다. 웃는다. 집게손가락으로 카드를 만진다.

"아버지를 생각나게 하는 도형은 어느 것입니까?": 모든 도형을 유심히 바라본다. 눈살을 찌푸린다. 62초가 지나서 말하기를 "아버지를 생각나게 하는 도형을 골라야만 해! 곧 눈을 감고 하나를 골라야지…… 아니, 아무리 애를 써도 명확하게 연상을 할 수가 없어요. 내 머리가 나쁜 것은 아닌데……."

"당신 자신을 생각나게 하는 도형은 어느 것입니까?": 살며시 웃는다. 도형 7을 가리킨다. "내가 가장 싫어하는 것." 머리를 좌우로 흔든다.

이 사례에서 해석하는 데 중요한 의미를 가지는 몇 가지가 관찰된다. 예를 들어, 앞의 세 가지 반응이 비언어적이라는 점이 주목된다.

가장 좋아하는 도형과 어머니를 생각나게 하는 도형으로서 도형 4
를 선택한 것은 피검자가 그의 어머니에 대해 긍정적으로 동일시하
고 있다는 것이다. 가장 좋아하는 도형으로서 도형 4를 가리키면서
카드를 툭 친다는 사실은 어머니와의 애정관계에서 미성숙한 면을
암시해 주는 신체 접촉의 욕구를 시사한다. 이러한 가정은 어머니
에 대한 명백한 연상으로서 도형 4를 선택한 것에 의해 지지된다.

　그러나 가장 싫어하는 도형으로서 도형 7을 지명한 것은 아버지
와의 손상된 관계의 가능성을 암시한다. 이러한 관계에 있어서 갈등
이 있다는 것은 또한 결정하지 못하고 머뭇거리다가 도형 7을 선택
한 것에 의해서 시사할 수 있다. 아마도 매우 심한 적대감을 포함한
갈등이 있을 것이라는 점은 도형 7을 가리키는 데 가운뎃손가락을
사용한 것에 의해서 암시받을 수 있다. 미국 문화에서 가운뎃손가락
의 사용은 보통 조롱의 몸짓 혹은 분노의 전달 표시이다. 아버지와
의 심한 긴장관계에 있다는 가정을 더욱 뒷받침하는 것은 아버지에
대한 연상을 요구받았을 때 피검자의 최초반응시간이 길었다는 점
이다. 앞에서 비언어적 반응을 보이다가 여기서는 언어적 반응을 보
였다. 그러나 단어의 풍부함에도 불구하고 도형 7을 가리키지 않았
다. 이것은 가장 싫어하는 도형이 어떤 것이냐고 질문을 받았을 때
결정하지 못한 것과 마찬가지로 방어와 문제에 직면하거나 문제를
인정하는 것을 회피하기 위한 시도를 시사한다. 회피는 또한 부정의
방어기제를 시사하는 말인 '곧 눈을 감고'라는 말에서 엿볼 수 있다.
"아무리 애를 써도 명확하게 연상을 할 수가 없어요."와 "내 머리가
나쁜 것은 아닌데……."라는 표현은 그의 혼란과 문제를 인식하지
못하는 능력의 부족을 가리키는 것이다.

자기 자신을 생각나게 하는 도형으로 도형 7을 선택한 것은 얼핏 예상하기 어려울 수 있다. 그러나 이론적으로 보아 이러한 반응은 아버지에 대한 동일시를 시사하는 것이며, 특히 어머니와의 미성숙한 의존관계의 견지에서 보아 오랫동안 미해결된 오이디푸스 콤플렉스에 중점을 둔 심리성적인 문제를 반영하는 것일 수 있다. 마치 '아니요'라고 얘기하는 것처럼 머리를 좌우로 흔드는 것도 그의 혼란과 부정의 방어기제를 나타내는 것일 수 있다.

4) 기혼 성인 남성의 사례

"가장 좋아하는 도형은 어느 것입니까?": [IRT: 15"] 도형 3을 가리키면서 "저는 크리스마스트리를 가장 좋아합니다."라고 말한다.

"가장 싫어하는 도형은 어느 것입니까?": [IRT: 58"] "그것은 거의 동전 던지기예요…… 제가 벽에 금이 가 있는 그림이라고 말한 적이 있던 것으로 생각해요." [자유연상단계에서 이루어진 연상을 참조]. 도형 4를 가리킨다.

"어머니를 생각나게 하는 도형은 어느 것입니까?": [IRT: 63"] "눈을 갖고 있다고 생각해요." [도형 8을 참조하면서, 그러나 가리킴 없이]. "저의 어머니는 아몬드 모양의 눈을 가졌어요. 매우 큰…… 매우 큰 눈을요."

"아버지를 생각나게 하는 도형은 어느 것입니까?": [IRT: 06 ″] 도형 3의 카드를 만지면서 "크리스마스트리."라고 말한다. 웃는다.

"아내를 생각나게 하는 도형은 어느 것입니까?": [IRT: 46 ″] "맨 먼저 생각난 것이 무엇인지 당신은 아나요? 이것(도형 4를 가리킨다) 아니면 이것(도형 5를 가리킨다) 둘 중 하나입니다." "그러나 이것은(도형 4를 가리킨다) 제가 가장 싫어하는 것이기 때문에 말하고 싶지 않았어요." "여기에 있는 이것 두 개(도형 4와 5를 각각 가리킨다)는 다른 도형들보다 더 무질서하게 보여요. 제 아내는 매우 조직적이지 못하다는 것을 전 알아요. 미안합니다. 그걸 말하지 말았어야 하는데."

"당신 자신을 생각나게 하는 도형은 어느 것입니까?": [IRT: 26 ″] "모르겠어요. 이것(도형 3을 가리킨다)이라고 말하고 싶어요. 하지만 이것(도형 1을 가리킨다)이라고 생각해요."

이 사례에서 피검자가 보인 반응을 살펴볼 때 주목되는 두 가지의 일반적인 관찰 사항은, ① 질문과 이에 따른 연상 간에 비교적 긴 시간 지체와, ② 피검자의 활발한 언어화이다. 이것은 피검자가 강박성의 성격 유형과 완벽주의와 숙고성(사려성)의 개인 특성을 가지고 있을 가능성이 높음을 시사한다.

가장 좋아하는 도형으로 도형 3을 지명한 것은 자기충동이 피검자의 선택에 관련되어 있음을 시사한다. 크리스마스에 대한 연상은 그의 욕구가 성질상 어린애와 같은 것일 수 있음을 암시한다. 선택할 때마다 '생각해요'와 같은 말을 사용하는 것은 자기 자신을 명료하게 주장하는 것을 싫어함을 암시한다.

가장 싫어하는 도형을 선택하도록 질문을 받았을 때 최초반응시간이 길다는 것은 내적 갈등을 겪고 있음을 가리킨다. '거의'와 '동전던지기'와 같은 말의 사용에서 또한 애매모호함이 드러난다. 그가 그와 같은 특성을 소유하고 있다는 증거는 '생각해요'라는 말을 반복하여 사용하고 있는 데에서 엿볼 수 있다. 도형 4에 대한 연상을 함에 있어서 보인 주저함과 말의 끊김은 그가 어머니에 대해 지각함에 있어서 뚜렷한 불안감을 갖고 있다고 가정할 수 있다.

이러한 가정은 어머니를 생각나게 하는 도형을 선택하라고 질문을 받았을 때 최초반응시간을 오래 끌었다는 사실에서 지지된다. 그가 보인 반응은 자유연상단계에서 보인 반응과 같다. 즉, 어머니의 눈에 대한 이미지에 초점을 두고 있다. 이것은 그가 어머니를 자신의 감시자로 기억하고 있음을 가리키는 투사적 지표일 수 있다.

한편, 아버지라는 자극단어에 대해 그가 즉각적으로 반응한 것은 아버지라는 중요한 타인에 대해 가지고 있는 지각이 어머니보다는 훨씬 불안을 덜 불러일으킨다는 점을 암시한다. 이것은 최초반응시간이 짧다는 점, 자극카드에 대해 신체적 접촉을 하고 있다는 점 그리고 반응을 할 때 웃음을 보인 점으로부터 추론될 수 있다. 도형 3에 대한 자유연상과 아버지라는 자극단어에 대한 선택적 연상이 긍정적 의미를 가진 '크리스마스트리'라는 것은 아버지에 대한 지각이 행복하다는 것을 암시하는 것 같다.

아내를 생각나게 하는 도형을 선택하라고 질문을 받았을 때 내적 갈등을 경험하고 있음이 다시 한번 명백하게 나타난다. 이것은 최초 반응시간이 길다는 점, 피검자가 사고의 갈등을 겪고 있음을 인정한다는 점, 이전에 그가 가장 싫어하는 도형에 대해 연합했던 내용과 그의 아내에 대해 가지고 있는 생각 간의 관련성을 인식하고 있음을 언어적으로 표현하고 있다는 점 등으로부터 시사받을 수 있다. 피검자는 강박성의 성격 유형을 가지고 있을 것으로 가정되고, 도형 4와 5를 '다른 도형들보다 무질서한 것'으로 가리키고 그의 아내를 '매우 조직적이지 못하다'고 언급한 것에 비추어 볼 때, 피검자가 부부간의 성격 특성에 상당한 차이가 있다는 것을 인식하고 있으며 또한 결혼생활에 대한 불만이 있음을 시사할 수 있다. 과장된 초자아 발달을 위한 경향성은 죄책감이 내포된 "그걸 말하지 말았어야 하는데."라는 혼잣말에 반영된 강박성의 성격 유형과 이론적으로 일치한다.

　자기 자신을 생각나게 하는 도형을 선택함에 있어서 피검자는 약간의 혼란을 보이고 있다. 처음에는 그는 "모르겠어요."라는 말로 반응을 보이고 있는데, 이는 불확실성을 나타낼 뿐만 아니라 억압이 작용하고 있음을 무의식적으로 표현한 것일 수 있다. 그다음에 그는 이전에 가장 좋아하고 아버지를 생각나게 하는 도형으로 확인되었던 도형 3을 선택하고 싶음을 나타내고 있다. 그가 자신의 선호도를 거부하고 자기 자신을 나타내는 것으로 도형 1을 지명한 것은 어떤 이유로 그가 아버지를 동일시하고 싶은 바람을 알려서는 안 된다고 느끼고 있음을 암시하는 것 같다. 이것은 그가 부모의 성격을 서로 다르게 보고 있는 것에 대한 죄책감과 관계가 있을 수 있다.

제**8**장

사례연구

　고등학교 1학년 여학생의 한 사례를 소개하고자 한다(Perticone, 1998). 이 여고생은 초등학교 때의 성적은 우수하였고, 중학교 때의 성적은 보통 수준이었으나, 고등학교에 들어와서는 성적이 떨어지고 있다. 교사들은 이 여고생을 조용하고 비사회적인 학생으로 파악하고 있다. 이 여고생의 부모는 교사와 만나 딸에 대해 의논하는 것을 계속 거부하여 왔지만, 딸이 규제 약물 소유로 체포되어 소년원에 감금되고 치료를 받게 된 후에는 심리상담을 받는 것에 대해 동의했다. 이 여고생은 과거 의학적 치료를 받은 적이 없으며 신체 발달이 정상적이었다.

　검사 실시 과정에서 이 여고생은 검사자에 대해 협조적이고 순종적이었으며 소극적인 자세를 보였다. 부드러운 목소리로 말했고, 대체로 눈맞춤을 하지 않았다. 비록 상담에 대해 무관심하였고 검사받는 것을 싫어하기는 했지만, BGT 실시에 참여하는 것에 대해 동의하였고 고분고분하게 검사에 임했다.

1. 도형 모사에 대한 해석

피검자가 모사한 BGT의 도형은 [프로토콜 8-1]에서 볼 수 있다. 9개의 도형을 모두 완성하는 데 소요된 시간은 4분 12초였다. 도형의 형태는 대체로 정확하며, 대부분의 지각-운동 진단법에서 채점할 수 있는 유형의 오류는 없었다. 또한 지각의 정확성은 도형 1과 3의 점의 수, 도형 2의 종렬과 횡렬의 수, 도형 6의 곡선의 수가 정확한 데에서 관찰될 수 있다. 도형의 배열이 순서대로 그려져 있으며, 이는 계획능력을 시사한다. 그러나 도형이 모사용지의 상단에 몰려 배열되어 있는데, 이는 성격의 제한과 검사의 수단 혹은 방어기제로서 환상 탐닉의 경향성을 반영하는 것일 수 있다. 도형들이 서로 접근되어 그려져 있는 것은 가까이 있고 싶은 경향, 즉 다른 사람들이 자신의 심리적 공간에 들어오도록 기꺼이 허용하는 경향을 반영하는 것일 수 있다.

도형 A

이 그림의 가장 주된 특징은 선이 얇고 마름모와 원이 가중묘사되어 있다는 점이다. 그러나 가중묘사조차도 모든 선이 희미할 정도로 매우 얇게 그려졌다. 얇은 선은 피검자가 자신의 어머니에게 자기주

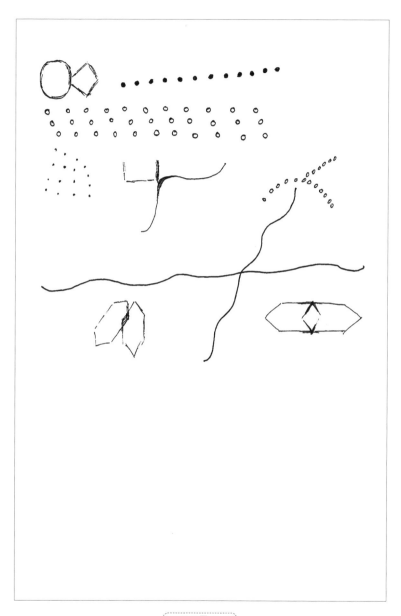

프로토콜 8-1

장을 표현하기 주저함을 가리키며, 가중묘사는 어머니와의 관계에 있어서 피검자가 내적 갈등과 불안정을 강하게 경험하고 있다는 것을 시사한다. 원과 접촉하는 지점에서 마름모의 코너가 약간 열려 있는 것은 미성숙한 의존 욕구가 있다는 것을 시사한다.

도형 1

이 그림의 경우에 도형 모사가 대담하게 이루어져 있음이 주목된다. 이는 피검자가 개인적인 관계에 있어서 자기 자신을 보다 강하게 표현할 가능성이 높다는 것을 시사한다. 이것은 피검자가 어머니와의 관계에서 불안정할 것이라는 가정을 고려해 볼 때, 피검자가 자신의 삶에 있어서 자기 자신을 표현할 수 있고, 훨씬 덜 억제하면서 의사소통할 수 있는 다른 사람이 있다고 가정해 볼 수 있다. 점들이 아주 대담하게 그려져 있는 것을 감안하면, 그러한 표현은 종종 자유 토의의 형태로 나타날 수 있다. 또한 이러한 가정은 점의 열이 약간 위로 경사졌다는 점에서 시사된다. 위쪽으로 난 약간의 경사는 개인적인 대인관계에 있어서 피검자가 자기 자신을 내부가 아닌 외부로, 부끄러움을 타지 않고 대담하게 표현한다는 것을 시사한다.

도형 2

도형 2는 도형 1보다는 덜 대담하게, 그러나 도형 A보다는 보다 대담하게 그려져 있다. 마치 집단 기준이 피검자에게 안정되게 영향을 미치고 있는 것처럼 집단 상황에서의 적응이 균형을 이루고 있고 행동의 적절성을 나타내고 있음을 시사한다. 또한 피검자가 억제나 과도한 자기주장 없이 집단 상황에서 잘 적응할 수 있다는 것은 원의 종렬과 횡렬이 고르고, 경사가 없이 규칙적으로 그려져 있는 데에서 엿볼 수 있다.

도형 3

도형 3은 점과 각의 수가 정확하게 그려져 있다. 그러나 마지막 각의 요소는 무디어 있고, 왼쪽에서 오른쪽으로 감에 따라 각의 예리함이 감소되어 있다. 투사적으로 볼 때, 이것은 자아충동이 시간의 경과에 따라 점진적으로 약하거나 억제되었고, 어떤 목표 방향이 피검자에게 여전히 존재하지만, 다른 사람들에게 강하게 표현하지는 못하고 있다는 것을 시사한다. 또한 수평축을 따라 측정된 도형의 길이가 가장 밑에 있는 점과 가장 위에 있는 점의 길이보다 짧아 도형이 압축된 결과를 보이고 있음을 관찰할 수 있다. 이것 역시 자아충동이 제한되고 있고, 압축의 결과로서 성격 왜곡이 있으며, 피검자가 선호하는 방식이 아닌 다른 방식으로 행동하거나 자기 자신을 나타내도록 강요받고 있다는 느낌을 가지고 있음을 시사한다. 한편, 도형이 전체적으로 위쪽 방향으로 경사져 있는데, 이러한 특징은 외부로 향하는 경향성 및 충동적인 자기표현을 시사하는 것으로 해석된다. 한편으로는 억제의 경향이, 다른 한편으로는 충동적인 경향이 있다는 것은 문제를 수동-공격적으로 해결한다는 것을 암시한다.

도형 4

도형 4를 모사한 방식이 도형 A와 매우 유사하다. 얇은 선과 가중묘사와 같은 이상한 특징이 나타나 있다. 따라서 어머니와의 관계에 있어서 불안과 불안정이 강하게 시사된다. 또한 윗변이 없는 마름모의 수직 차원이 자극도형의 그것보다 짧으며, 밑변의 선과 코너에 간격 혹은 깨짐이 나타나 있음이 주목된다. 밑변의 선이 깨져 간격이 있음은 피검자가 어머니의 양육능력을 한계가 있는 것으로 지각하고 있으며, 코너에 간격이 있음은 어머니와의 관계에 있어서 상처받은 경험이 있고 의존 욕구가 만족되지 않고 있다는 것을 투사적으로 암시하는 것이다.

도형 5

도형 5는 점 대신 원으로 대치되어 모사되었다. 이에 대한 투사적 해석은 가정환경에 대한 반응이 미성숙하다는 것이다. 도형 4 마름모의 수직 차원이 짧았던 것처럼 호(弧)의 모양이 평평해져 있는데, 이는 피검자가 가정이 정서적 욕구를 만족시키는 데 한계가 있는 것으로 지각하고 있음을 시사한다. 이러한 평평함은 또한 도형 3의 압축과 함께 고려해 볼 때, 자기표현의 억제에 대한 압력을 받고 있다는 점을 반영하는 것일 수 있다.

도형 6

모사된 도형 6은 다른 도형들보다 크고, 모사용지의 오른쪽과 왼쪽의 가장자리 사이의 중앙에 배치되어 있다는 점이 특징이다. 이 것은 피검자가 이 도형에 개인적 동일시를 하고 있으며, 피검자에게 중요한 무엇인가가 투사적으로 표현되고 있다는 표시일 수 있다. 곡선이 명확하게 평평해져 있기 때문에 피검자는 우울 상태를 경험하고 있고, 언어장애를 갖고 있을 가능성이 있다. 또한 수직 곡선의 윗부분이 도형 5의 호의 오목한 영역에 들어가 있음을 관찰할 수 있는데, 이러한 특징으로부터 시사되는 가정은 피검자가 느끼는 우울과 슬픔은 가정환경과 관계가 있다는 것이다.

도형 7

모사된 도형 7은 두 육각형이 아주 잘 통합되어 있어 피검자의 지각-운동능력을 입증해 주고 있다. 그러나 육각형의 선들이 흐리게 그려져 있고 두 육각형이 중첩되는 지점에 가중묘사되어 있다. 이것은 어머니와의 관계에서처럼 아버지와의 관계에 있어서 상당한 불안과 갈등을 경험하고 있다는 가정으로 이끈다. 그리고 육각형의 선과 각의 연결 지점에서 약간의 간격이 있음을 주목할 수 있는데, 이는 관계에 있어서의 상처와 충동 통제의 상실에 대한 불안을 갖고 있음을 시사한다.

도형 8

마지막 도형 모사에 있어서 육각형의 선이 매우 연하게 그려져 있고, 또한 육각형 안에 있는 다이아몬드의 위와 아래에 가중묘사되어 있다. 이러한 특징은 피검자가 자신의 생활공간에 있어서 자기 자신을 보는 방식과 관련하여, 특히 세상이 피검자에게 부과한 제한을 경험하는 방식과 관련하여 상당한 불안을 느끼고 있다는 것을 시사한다. 중앙에 있는 다이아몬드의 위와 아래 부분이 보다 대담하게 그려져 있고 실제로 접촉하고 있는 육각형을 침투하고 있다. 투사적으로 볼 때, 피검자가 자신에게 부과되어 있다고 느끼는 제한을 부수거나 깨뜨리고자 하는 노력을 나타내는 것이라고 할 수 있다. 다이아몬드 전체가 아닌 일부분에서만 연필을 진하게 눌러 그렸다는 것은 피검자가 자아충동을 표현함에 있어서 약간의 저항을 느끼고 있음을 암시한다.

여고생인 피검자는 미해결된 의존 욕구와 불안정하고 불안한 경향을 가지고 있는 것 같다. 이 여학생은 아마도 삶의 환경이 불행하고 부모와의 관계에 있어서 정서적 지지를 받지 못하고 있을 것이다. 이 여학생은 자기주장을 하고 싶어 하면서도 직접적으로 그렇게 하는 데에는 망설이고 있으며, 그녀가 경험하고 있는 좌절이나 적대감을 표현하기 위해 수동–공격적 방법에 의존하는 경향이 있다. 그러므로 자신의 충동을 행동으로 표출하는 데 비교적 안정감을 느낄 수 있는 일대일의 사회적 관계에서 지지를 받을 수 있다. 이 여학생이 집단 상황에 놓일 때는 아마도 집단의 기준에 의해 영향을 받기 쉽고, 보다 집단에 동조하여 행동할 것이다.

2. 자유연상에 대한 해석

도형 A   IRT: 19″
연상: "두 사람으로 보았습니다. 그것을 설명할 수가 없어요. 설명

하고 싶지만요."

해석: 최초반응시간이 길다는 점에서 갈등과 불확실성이 시사된
다. "그것을 설명할 수가 없어요."라는 말에서 혼란이 암시
되고 있다. "설명하고 싶지만요."이라는 마지막 말에서 이해
에 대한 바람이 내포되어 있다.

도형 1   IRT: 07″

연상: "당신이 서명할 수 있도록 점선이 확대된 것입니다."

해석: 최초반응시간이 짧은 것으로 보아 피검자가 보다 자신감을
나타내 보이고 있음이 시사된다. '서명'이라는 개념은 피검
자가 자기 자신을 인정하고 있음을 시사하는 것으로, 개인적
인 관계에서 자기 자신을 생각할 때 보다 안정감을 경험하기
쉽다.

도형 2   IRT: 05″

연상: "사람들이 행진하고 있어요…… 행렬을 지어서…… 그러나
그들은 조금 더 줄을 맞출 필요가 있습니다."

해석: 이것은 집단에 대한 동조와 순응에 대한 압박의 표현인 것
같다. '행진'은 따라야 할 질서를 암시하지만, "그들은 조금
더 줄을 맞출 필요가 있습니다."라는 말에서 또한 약간의 수
동-공격적 저항의 가능성이 암시된다.

도형 3   IRT: 12″

연상: "소리가 나는 파도 같아요." (Q) "파도가 무엇인가에 부딪혀

튕기는 것처럼요.”

해석: 투사적으로 보아 이것은 말하거나 듣고 싶은 욕구를 시사한
다. ‘무엇인가에 부딪혀 튕기는’이라는 말은 피검자가 다른
사람들이 자신의 말을 듣고 있지 않다고 느끼고 있음을 암시
한다.

도형 4   IRT: 21″

연상: “그들은 잘 어울리지 않아요.” (Q) “그들이 뭔지는 모르겠어
요…… 그저 어울리지 않는 것 같아요.”

해석: 특정한 연상을 하지 못하고 두 도형 요소가 어울리지 않는다
는 주장에 비추어 볼 때 어머니와 갈등이 있고, 어머니와의
관계가 좋지 않다는 것을 알 수 있다. 또한 최초반응시간이
상대적으로 긴 점으로 보아 어머니와의 문제를 포함한 심리
내적 갈등이 있음이 시사된다.

도형 5   IRT: 07″

연상: “으스러지고 있는 이글루예요. 무엇인가가 밖으로 나가려고
애쓰고 있어요.”

해석: ‘이글루’의 사용은 가정환경을 정서적으로 냉담한 것으로 지
각하고 있음을 암시한다. ‘으스러지고 있는’이라는 행위적
표현은 외부적 압력을 경험하고 있음을 내포하는 것이다.
피검자가 언어적 표현에서 현재 시제를 사용하고 있기 때문
에 현재 자신의 마음 상태를 기술하고 있음이 시사된다. “밖
으로 나가려고 애쓰고 있어요.”라는 말은 투사적으로 보아

피검자가 가정과 관련하여 지각하는 제한성으로부터 도피
하고 싶은 바람을 표현하는 것으로 해석된다.

도형 6　　　　　　　　　　　　　　　　　　　　IRT: 15″

연상: "아무것도 아닙니다." (Q) "아무것도 아닙니다. 모르겠어
　　　요…… 아무것도 아닙니다."

해석: 이것은 거부이며, 도형의 상징성과 의식적 · 무의식적으로
　　　불러내는 연상을 다루지 못하는 능력 혹은 다루고 싶지 않음
　　　을 의미한다. 투사적으로 볼 때, 이것은 피검자가 자신의 불
　　　행이나 우울을 부정하고 싶은 욕구를 암시하는 것일 수 있다.

도형 7　　　　　　　　　　　　　　　　　　　　IRT: 11″

연상: "서로 떨어져 있는 두 사람…… 하지만 함께할 수 있어요."

해석: 피검자는 아버지와의 관계가 밀접하지 못하다는 자신의 인
　　　식을 표현하고 있는 것 같다. 또한 피검자는 어떤 개선의 가
　　　능성을 지각하고 있음을 표현하는 것 같다.

도형 8　　　　　　　　　　　　　　　　　　　　IRT: 09″

연상: "눈(eye)." (Q) "한쪽 눈이에요. 교통표지판 같기도 해요."
　　　(Q) "일종의 널찍한 정지표지판이요."

해석: 최초의 연상은 '눈'이다. 이것은 사실 동음이의어이다. 왜냐
　　　하면 눈은 시각적 기관을 가리킬 수도 있고, 대명사 '나(I)'를
　　　가리킬 수도 있기 때문이다. 피검자의 의도를 보다 명확히
　　　할 수 있는 부정관사 an을 붙이지 않음으로 해서 동음이의

어 측면이 보다 강조되어 있다. 그러나 검사자가 탐색을 했을 때 피검자는 눈을 구체적으로 가리키는 관사를 사용함으로써 반응하였다. 그럼에도 불구하고 임상적인 측면에서 보면 BGT의 도형과 그에 대한 피검자의 언어적 연상은 피검자 자신을 가리키고 있다는 것을 투사적으로 암시하고 있다. 그리고 또한 피검자가 자기표현을 억제하도록 외부적 혹은 환경적 압력을 경험하고 있음이 시사된다. 왜냐하면 도형 8에 대한 언어적 연상으로서의 '정지표지판'은 외부적 통제 혹은 억제의 욕구를 상징하기 때문이다. '널찍한' 것으로 보고 있는 교통표지판은 외부적 규칙과 다른 사람들의 기대에 대한 순응 압력의 정도를 가리키는 것이다.

잠정적 결론

투사적인 측면에서 볼 때 피검자인 여고생은 다른 사람들, 특히 부모의 가치와 기대에 순응하도록 압력을 받고 있다고 지각하고 있다. 그리고 이러한 압력을 과도하게 인지한다. 이 여학생은 좌절되어 있고, 불행하며, 가족 상황에서 애정이 박탈되어 있다고 느끼고 있다. 또한 부모, 특히 어머니와의 관계에 있어서 혼란을 겪고 있으며, 의존 욕구를 만족하지 못하고 있다. 집단 상황에 놓일 때, 다른 구성원들에게 수용될 수 있다고 믿는 기준에 일치하지 않는 자기표현을 억제할 가능성이 크다.

3. 선택적 연상에 대한 해석

"가장 좋아하는 도형은 어느 것입니까?": 집게손가락으로 도형 1을 가리킨다. " 간단합니다." (Q) "복잡하지 않아요." (Q) "그 도형 인데요."

"가장 싫어하는 도형은 어느 것입니까?": "이것인데요." 집게손가 락으로 도형 5를 툭 친다.

"어머니를 생각나게 하는 도형은 어느 것입니까?": "어머니요? 어렵 군요…… 아마도 이것." 집게손가락으로 도형 4를 가리킨다.

"아버지를 생각나게 하는 도형은 어느 것입니까?": "이것인데요." 집게손가락으로 도형 8을 가리킨다.

"학교를 생각나게 하는 도형은 어느 것입니까?": "이것인데요." 집게 손가락으로 도형 2를 가리킨다.

"당신 자신을 생각나게 하는 도형은 어느 것입니까?": 집게손가락으 로 도형 3을 만진다.

　가장 좋아하는 도형을 선택할 때 피검자는 "간단합니다."라고 평을 하고 있다. 피검자가 과제에 대해서든 도형에 대해서든 간에 명확하지 않기 때문에 탐색이 필요하였다. 이에 대한 피검자의 "복잡하지 않아요."라는 반응은 그 문제를 명료히 해 주지 못하여 다시 질문을 하였지만, 이번에는 피검자가 도형만을 가리키고 있다. "간단합니다."와 "복잡하지 않아요."라는 말을 피검자가 선택한 것에 대한 해석은 자신의 삶이 보다 쉬웠으면 하는 바람을 표현하고 있는 것이며, 이는 자신의 삶이 쉽지 않은 것으로 지각하고 있음을 시사하는 것이다. 가장 좋아하는 도형인 도형 1은 개별적인 관계에 대한 태도를 반영하는 것으로 가정되기 때문에 피검자가 혼란으로부터 벗어날 수 있다고 믿는 것은 일대일의 관계 속에서라고 볼 수 있을 것이다.

　가장 싫어하는 도형으로 도형 5를 선택하였는데, 이는 가족과의 관계에 대한 불만족을 시사하는 것으로서 이미 앞에서 가정했던 정서적 냉담과 부모의 압력에 대한 해석을 지지해 준다.

　어머니를 생각나게 하는 도형을 찾으라고 요구를 받았을 때 피검자는 자극단어, 즉 어머니라는 말을 반복하면서 "어렵군요."라고 말하고 있다. 이것은 피검자가 엄격하고 감정이 없는 것으로 보고 있는 어머니와의 관계에 있어서 갈등을 경험하고 있음을 시사한다. 도형 4에 대한 자유연상에 있어서 두 도형 요소가 서로서로 어울리지 않는다고 인식하고 있었다는 점에 비추어 보더라도 이러한 해석이 뒷받침될 수 있다.

　피검자의 다음 선택적 연상은 즉각적이며 정교하지 못하다. 그리고 아버지를 생각나게 하는 도형으로 도형 8을 가리키고 있다. 이것은 피검자가 아버지를 부모의 기준을 따르거나 만족시키도록 압력을 받고 있는 주요 근원지로 지각하고 있으며, 피검자가 힘의 투쟁 대상으로 느끼고 있는 것이 근본적으로 아버지일 것이라는 점을 시사한다.

자기 자신을 생각나게 하는 도형으로 도형 3을 가리키면서 비언어적으로만 반응하고 있다. 언어화하지 않고 있음은 방어와 자기 자신을 드러내는 것을 피하고자 하는 의도를 반영하는 것일 수 있다. 또한 피검자가 도형 3이 의식적으로 혹은 무의식적으로 자신을 상징하는 것을 억압하고 있다는 암시일 수도 있다.

피검자는 학교를 생각나게 하는 도형으로 도형 2를 선택하고 있다. 이것은 피검자가 학교를 순응해야 할 곳으로 보고 있다는 것으로 해석할 수 있다. 자발적인 언급이 없었고, 이 도형을 도형 1보다 덜 대담하게 그렸으며, 충동성 혹은 행동화의 지표가 투사적으로 드러나지 않은 점으로 미루어 볼 때, 피검자는 학교 상황에서 행동문제를 보일 것 같지 않다는 점이 시사된다.

잠정적 결론

선택적 연상단계에 대한 피검자의 반응을 분석해 볼 때, 투사적으로 가정되는 것은 의존-독립의 문제, 외부 기준에 따라 생활하거나 순응해야 된다는 압력의 경험, 애정 욕구의 결핍 등이다. 이 여학생은 어머니를 정서적으로 접근할 수 없는 존재로, 그리고 아버지를 자기표현을 위한 투쟁의 대상이며 힘의 원천으로 경험하고 있는 것 같다. 이 여학생은 학교와 같은 형식적인 집단 상황에서는 잘 순응하고 문제의 소지가 없을 것 같다.

제3부

BGT-2의 실시, 채점 및 해석

✳ 제9장   BGT-Ⅱ의 목적, 특징 및 유용성

✳ 제10장   BGT-Ⅱ의 실시와 채점 절차

✳ 제11장   BGT-Ⅱ의 해석

✳ 제12장   Koppitz-2의 실시, 채점 및 해석

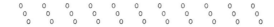

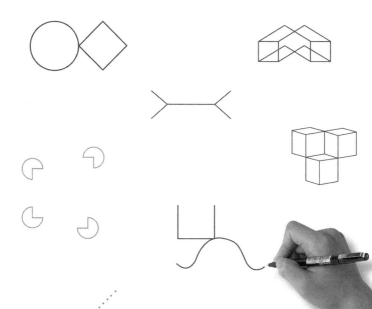

제**9**장

BGT-Ⅱ의 목적, 특징 및 유용성

게리 G. 브래니건(Garry G. Brannigan)과 스콧 L. 데커(Scott L. Decker)는 2003년에 『Bender Visual-Motor Gestalt Test, Second Edition(Bender-Gestalt II)』을 개발하였다. 여기서는 BGT-II로 일컫기로 한다. BGT-II는 미국 2000년 센서스(인구조사)의 표본추출 방법과 매우 유사하게 설계되었다. 이는 미국 전역에서 연령, 성, 인종 · 민족, 지역, 사회경제적 수준을 고려하여 4,000명을 유층 무선 표집하고 표준화한 것이다. 4~85⁺세 연령의 아동과 성인을 대상으로 하며 시각-운동통합기능을 측정한다. BGT-II는 교육, 심리 및 신경심리 평가의 유용성을 높이고 평가되는 피검자의 능력 범위를 늘리기 위해서 기존의 9개 도형에다 새로운 7개 도형을 추가하였다. 추가된 7개의 도형 중 난이도가 낮은 4개의 도형은 낮은 연령 범위

게리 G. 브래니건   스콧 L. 데커

(4~7세)에만 사용되고, 난이도가 높은 3개의 도형은 높은 연령 범위 (8~85⁺세)에만 사용된다. 또한 BGT-II는 검사의 임상적 가치를 높이기 위해서 회상단계(recall phase)와 두 개의 보충검사인 운동검사 (motor test)와 지각검사(perception test)를 추가하였다.

1. 개발 목적

BGT는 1938년 벤더(Bender)에 의해 개발된 이후 오늘날까지 심리 평가에서 많이 사용되는 도구 중 하나로 자리매김해 왔다. 이 검사가 모든 연령의 개인들에게 사용되어 왔지만, 발달적 채점 방법의 규준 (norm)은 10세 전후 연령에 한정되어 있다. 따라서 BGT의 본질과 오랜 연구 역사를 보존하면서 현대 심리측정법으로 검사를 업데이트 하고 큰 규준 기반을 확립할 필요가 있어서 BGT-II가 개발되었다. 구체적으로 개발 목적은 다음과 같은 세 가지로 요약될 수 있다.

첫째, 측정 척도를 확장하기 위해서이다. 원래 검사는 9개의 도형을 사용한다. 그렇지만 현대 심리검사 개발의 표준 관행인 라쉬 분석(Rash analysis)을 적용하여 측정 척도를 하단과 상단에서 확장하기 위해서는 보다 어렵고 쉬운 항목(문항)이 필요하였다. 그리하여 BGT-2 측정 척도의 유용성을 확장하기 위해서 라쉬 분석(Wright & Stone, 1979; Bond & Fox, 2001)을 이용한 문항 추정 과정을 거쳐 새로운 문항이 추가되었다. 라쉬 분석은 문항난이도와 피검자 능력을 모두 독립적으로 추정하는 로지스틱 모델(logistical model)을 이용한다. 이 모델은 검사 문항의 단일 기본 능력과 독립성을 가정한다. 낮은 난이도의 문항은 성공을 위한 능력이 덜 필요하고, 높은 난이도의 문항은 성공을 위한 능력이 더 필요하다. BGT-II에 대한 문항 추정에는 난이도의 연속체에 따라 원래 문항과 새로 추가된 문항의 순위를 매기는 체계적인 절차가 포함되었고, 기존 BGT 문항의 난이도를 살펴봄으로써 측정 척도의 범위를 넘어 확장된 새로운 문항의 난이도를 결정할 수 있었다.

둘째, 다양한 연령에 걸쳐 시각-운동통합기능의 발달을 정확하게 반영하는 크고 대표적인 규준 표본을 얻기 위해서이다. 이전의 많은 규준 연구는 미국 모집단을 대표하지 못하는 연령 범위가 제한된 작은 표본이었고, 따라서 검사 점수를 해석하기 위한 충분한 규준이 결여되어 있다는 비판을 자주 받아 왔다. 또한 시각-운동 발달의 상한선에 대한 이전 추정치는 과소평가된 면이 없지 않았다. 시각-운동통합기능의 성숙은 11세를 넘어 청소년기까지 계속된다(Lacks, 1999)는 연구결과도 있어 BGT-II의 개발목적은 이전의 어떤 표본보다도 모든 연령과 발달 수준에 걸쳐 점수를 해석하기 위한 기초를 제공할 수 있는 우수한 규준 기반을 마련하는 것이었다.

셋째, 가능한 한 원래 BGT의 문항을 대부분 유지하기 위해서이다. 왜냐하면 BGT는 수많은 연구논문의 주제였고, 그 검사를 위한 수많은 채점 방법과 임상적 분석 방법이 개발되어 왔기 때문이다. 이 목표는 BGT에 대한 60년 연구에서 제공한 점수 기반을 유지하는 데 도움이 되었다. BGT의 원래 모든 문항이 라쉬 분석으로 처리될 때 유의한 부적합을 보이는지 그리고 BGT-II에서 난이도(difficulty)와 포섭(inclusion)의 차원에 기초하여 추가된 새로운 문항과 함께 분석했을 때 유의한 부적합을 보이는지를 알아보기 위해 검토한 결과, 아무 문제가 없는 것으로 드러났다. 난이도는 기존의 도형과 비교하여 새로운 도형을 모사하는 데 얼마나 어려운가 하는 정도를, 포섭은 원래 검사 문항과 유사한 특성을 얼마나 포함하고 있는가 하는 정도를 의미한다.

2. 새로운 특징

기존의 BGT 사용에 기반하여 몇 가지 특징이 BGT-II에 포함되었다. 첫째, 회상단계를 포함시켰다는 점이다. 연구에 따르면 피검자에게 도형을 기억하여 그리도록 요구하는 회상단계는 임상적 유용성을 높여 준다. 그러나 과거에 이러한 단계의 사용은 적절한 규준이 마련되지 못해 한계가 있었다(Tolor & Brannigan, 1980). 이러한 이유로 회상 절차가 BGT-II의 표준화에 포함되었다.

둘째, 많은 BGT 사용자가 관련 정보와 행동관찰을 기록하기 위한 양식의 필요성을 주장했기 때문에 관찰기록지(observation form)가 만들어졌다는 점이다. 검사 실시 중에 관련 정보와 행동관찰은 검사 해석과 보고서 작성에 유용한 문서가 되기 때문에 이러한 점을 반영하고 BGT-II의 사용을 증대하기 위해서 관찰기록지가 고안되었다.

셋째, 단순한 운동 지각 능력을 보다 정교하게 측정하고, 보다 통제된 운동 지각 과제에 대한 피검자의 수행을 관찰하기 위한 부가적인 기회를 제공하기 위해서 두 개의 새로운 보충검사인 운동검사와 지각검사가 제작되었다는 점이다. 본래 운동검사와 지각검사는 피검자의 BGT-II 수행에 나쁜 영향을 미치는 운동기능과 지각기능에 결함이 있는가를 알아보기 위해 고안된 것으로, 보충검사로부터 얻은 정보는 운동기능, 지각기능 및 운동-지각통합기능을 포함한 다른 문제를 진단하는 데에 도움이 된다.

넷째, BGT-II의 도형을 모사한 도형의 전반적인 질에 대한 평가를 돕기 위한 종합채점법(global scoring system)이 개발되었다. 종합채점법은 브래니건과 브루너(Brannigan & Brunner, 1989, 1996, 2002)에 의해 수행된 연구를 확장한 것이다. 브래니건과 브루너는 질에 기반한 채점법을 위한 방대한 규준 자료와 상세한 채점기준을 제시하였다. 이 채점법은 0점(도형을 되는 대로, 낙서하듯 그려 도형을 인지하기 어려움)에서 5점(도형을 정확하게 표현함) 범위를 가지며, 학업성취도를 신뢰할 수 있고 타당하게 예측해 주는 것으로 밝혀졌다. BGT-II는 질적 채점법을 단순화시킨 것으로 각각의 도형에 대한 전반적 묘사에 대해서 5점 평정척도(0~4점)로 평가하며, 각 도형에 대한 개별점수와 모든 도형에 대한 총점(8세 이하의 피검자는 0~52점의 범위, 8세 이후의 피검자는 0~48점의 범위)을 산출한다.

3. 유용성

대체로 BGT의 저조한 수행은 점 대신 고리 모양이나 대시의 사용, 고집화 현상, 수평으로 놓여 있는 도형이나 사선을 수직으로 그리기, 각의 곤란, 도형의 두 부분을 결합하는 어려움 등과 같이 원시적인 재생에 의해 특징지어지는 경우가 많다. 이러한 저조한 수행은 미성숙이나 심리적 · 기질적 퇴행에서 기인하는 것일 수 있다(Silver, 1950). 그동안 BGT는 아동들을 대상으로 학교학습준비가 되어 있는지 식별하고, 학업성취도를 예측하고, 읽기 및 학습 문제를 진단하고, 정서적 곤란을 평가하고, 발달장애를 연구하는 데 쓰였다. 뿐만 아니라 청소년과 성인을 대상으로 뇌손상을 평가하고 여러 가지 인성기능을 평가하는 데 유용한 투사적 검사로 사용되어 왔다(Groth-Marnat, 1997).

기존의 BGT와 마찬가지로 BGT-II도 다양한 검사장면에서 유용한 정보를 제공할 수 있다. BGT-II의 종합채점법은 여러 연령대에 걸쳐 시각-운동통합기능을 평가하기 위해 고안된 것이기 때문에 학습, 심리 및 신경 문제의 하위유형을 변별 진단하는 데 도움을 줄 수 있다. 예를 들어, 레턴, 미야모토와 리크먼(Leton, Miyamoto, & Ryckman, 1987)은 학습장애 학생들을 세 가지 유형으로 구분했는데, 그중 하나가 시각-공간 및 운동기능의 결함을 가진 경우이다. 이들은 학습장애를 식별함에 있어서 시각-운동기능의 중요성을 강조하였다. 랙스(Lacks, 1999)는 BGT가 신경심리 손상을 진단하는 유용한 도구이며, 한 개인을 평가하기 위해 다른 검사들과 함께 사용되어야 한다고 주장하였다.

회상단계는 기억에 대한 간단한 평가를 제공함으로써 BGT−II의 유용성에 보탬이 된다. 회상단계는 피검자가 기억으로부터 정보를 얼마나 잘 부호화하고 저장하며 인출하는가를 나타내 주는 지표로서 사용될 수 있다. 모사단계에서의 수행처럼 회상단계에서의 수행은 운동 지각 문제에 의해서 영향을 받을 수 있다. 외부에서 주어진 도형을 보고 그리는 모사단계와는 달리 회상단계는 피검자에게 기억으로부터 도형을 그리도록 요구한다. 더욱이 회상단계로부터 많은 중요한 행동을 관찰할 수 있다. 예를 들어, 소요 시간은 피검자가 욕구좌절이 있는지의 여부를 알려주며, 회상한 도형의 양과 질은 중요한 임상적 정보를 제공해 줄 수 있다. 예를 들어, 알츠하이머 환자는 모사단계에서의 수행이 아닌 회상단계에서의 수행에서 뚜렷한 결함이 있다(Brannigan & Decker, 2003).

BGT−II의 종합채점법은 신뢰도와 타당도가 높은 것으로 보고되고 있다. 표준화집단을 대상으로 반분신뢰도 추정방법을 통한 BGT−II 모사단계의 내적 일관성은 .86∼.95(평균 .91)로 나타났다. 213명으로 대상으로 한 검사−재검사 신뢰도는 모사단계의 경우 .80∼.88(평균 .85), 회상단계의 경우 .80∼.86(평균 .83)으로 나타났다. 그리고 피검자 30명의 BGT−II 수행을 10쌍이 채점하여 채점자 간 신뢰도를 산출한 결과 모사단계의 경우 .83∼.94(평균 .90), 회상단계의 경우 .94∼.97(평균 .96)로 나타났다. BGT−II의 수행과 시각−운동기능, 인지능력 및 학업기능 간의 상관관계가 높을 뿐만 아니라 지적장애, 학습장애, 주의력결핍 과잉행동장애(ADHD), 자폐스펙트럼 장애, 알츠하이머형 치매, 영재와 같은 임상 및 특수 조건에 있는 개인들을 변별 진단하는 데에 유용한 것으로 나타났다 (Brannigan & Decker, 2003). 이처럼 BGT-II의 높은 신뢰도와 타당도 는 종합적인 심리교육평가 및 임상문제의 진단에 있어서 검사의 유 용성을 높여 준다.

제**10**장
BGT-Ⅱ의 실시와 채점 절차

1. 준비물

BGT-II는 16개의 자극카드([그림 3-1] 참조)와 관찰기록지로 구
성되어 있다. 카드는 국내에서 학지사 인싸이트(www.inpsyt.co.kr)
와 주식회사아딘스(www.koreapsy.kr)를 통해 구입할 수 있다. 두 개
의 보충검사인 운동검사와 지각검사는 피검자의 BGT-II 수행을 평
가하기 위한 보조 도구이다. 실시는 두 단계, 즉 모사단계와 회상단
계로 이루어진다. 모사단계에서 피검자는 빈 용지에 각각의 도형을
모사하라고 요구받는다. 회상단계에서 피검자는 기억을 통해 도형
을 다시 그려 보라고 요구받는다. 시간제한은 없지만, 피검자가 도
형을 모두 그리는 데 소요된 시간을 기록한다. 4~7세는 도형 1에서

시작하여 도형 13에서 끝나고, 8세 이후는 도형 5에서 시작하여 도형 16에서 끝난다. BGT-II 실시를 위해서는 지우개 달린 HB 연필 두 자루, 흰 용지 열 장, 일련의 자극카드, 관찰기록지, 운동검사와 지각검사, 시간을 재기 위한 초시계를 준비해 두어야 한다.

관찰기록지는 [그림 10-1]에서 보듯이 검사의 소요 시간과 실시 과정에서 관찰되는 다양한 형태의 수검행동을 기록하기 위해 사용되며 피검자 정보와 다섯 개의 영역(I. 신체 상태, II. 검사 수행의 관찰, III. 모사의 관찰, IV. 회상, V. 요약)으로 구분되어 있다. 관찰기록지 첫 페이지 상단에 있는 '피검자 정보' 영역에서는 피검자와 검사자의 이름, 피검자의 성별과 손 사용(오른손 혹은 왼손), 검사 실시 중의 용지 회전(방향)을 기록한다. '신체 상태' 영역에서는 피검자의 검사 수행에 방해가 될 수 있는 감각적 손상이나 운동 제약 등을 기록한다. '검사 수행의 관찰' 영역에는 피검자의 검사 수행에 영향을 미칠 수 있으면서 그린 도형을 평가할 때 쉽게 드러나지 않는 경솔함, 무관심, 주의력 부족과 같은 행동을 체크할 수 있는 행동목록이 제시되어 있다. 그리는 과정에서 적어도 2개 이상의 도형에서 이러한 행동을 보이면 행동목록 앞의 □에 ✓ 표시를 한다. 그리고 행동목록에는 없지만 그린 도형의 질에 영향을 미칠 수 있는 이상하거나 특이한 행동을 기타 란에 기술한다.

'모사의 관찰' 영역에서는 각 도형을 그리기 위한 피검자의 접근방법, 특히 임상적 관련성이 있는 것에 대해 주의 깊게 기록한다. 이것은 검사 실시 후에 검토될 수 있는 모사 과정에 관한 문서를 제공한다. 각 도형을 모사한 후 피검자의 검사 수행과 관련이 있는 어떤 행동이든 논평을 해 둔다. '회상' 영역에서는 피검자가 기억으로부터

BENDER® GESTALT II

이 름 _____

성: ☐ 남 ☐ 여   손잡이: ☐ 좌 ☐ 우

검사자 _____

용지 회전:

☐   ☐   ☐

I. 신체 상태

예 아니오

☐ ☐ 안경이 필요한가?

☐ ☐ 검사를 수행하는 동안 안경을 착용했는가?

☐ ☐ 시력 문제가 있어 보이는가?

☐ ☐ 청력 문제가 있어 보이는가?

☐ ☐ 그리는 동안 연필을 잡는 손동작이 어색하거나 부자연스러웠는가?

예 아니오

☐ ☐ 과제 수행에 영향을 줄만한 신체적 어려움 (손이나 팔의 깁스 등)이나 제한이 있었는가?

☐ ☐ 운동기능의 손상(손떨림, 경련 등)이 있었는가?

기타: _____

_____

II. 검사 수행의 관찰

☐ 라포 형성의 어려움

☐ 피로

☐ 쉽게 산만해짐

☐ 좌절함

☐ 지시를 이해하기 어려워함

☐ 그릴 때 부주의함(서두름, 충동성 등)

☐ 시간이 지날수록 부주의가 심해짐

☐ 자신이 그린 그림에 대한 불만족

☐ 지우개의 빈번한 사용

☐ 자주 격려가 필요했음

☐ 그리고 있는 부분을 손가락으로 짚음

☐ 그림의 선이 희미하든가 스케치하듯 그림

☐ 자극을 본 후 기억해서 그리려 함

☐ 손가락으로 자극 도형을 더듬음

기타: _____

_____

III. 모사의 관찰

4~7세 시작점 **시간측정을 시작함**	8세 이상 시작점 **시간측정을 시작함**

1.

관찰내용: _____

2.

관찰내용: _____

3.

관찰내용: _____

4.

관찰내용: _____

5.

관찰내용: _____

6.

관찰내용: _____

7.

관찰내용: _____

8.

관찰내용: _____

9.

관찰내용: _____

10.

관찰내용: _____
_____

11.

관찰내용: _____
_____

12.

관찰내용: _____
_____

13.

관찰내용: _____
_____

중지 4~7세 중지점
시간측정을 마침

소요 시간
(　　)분 (　　)초

14.

관찰내용: _____
_____

15.

관찰내용: _____
_____

16.

관찰내용: _____
_____

중지 8세 이상 중지점
시간측정을 마침

소요 시간
(　　)분 (　　)초

Ⅳ. 회상

회상 시간
(　　)분 (　　)초

관찰내용: _____
_____

문항																		
회상 순서																		

문항	도형	모사	회상
4-7 1			
2			
3			
4			
8+ 5	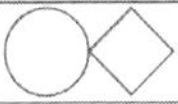		
6			
7			
8			
9	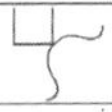		
10			
11			
12			
4-7 13	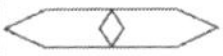		
14	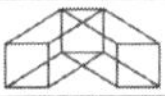		
15	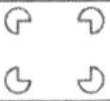		
8+ 16	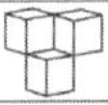		

원점수총점		
(미국규준) 표준점수 (부록 A)		
(미국규준) 백분위 (부록 B)		
(미국규준) T점수 (부록 B)		

나이

	년	월	일
검 사 일			
생년월일			
나 이			

시간

	소요 시간	
모 사	( )분 ( )초	
회 상	( )분 ( )초	

미국표준화 자료는 부록D 참조.

보충검사

	원점수	(미국규준) 백분위 (부록 C)			
		0-25	26-50	51-75	76-100
운 동		☐	☐	☐	☐
지 각		☐	☐	☐	☐

기타

_____
_____
_____
_____
_____
_____
_____
_____
_____
_____
_____

그림 10-1 BGT-II 관찰기록지

자극 도형을 회상하는 데 걸린 시간(분초 단위)과 도형들을 회상한 순서를 기록한다. 그리고 회상단계 중에 피검자의 수행과 관련이 있는 어떤 행동이든 논평을 해 둔다.

'요약' 영역은 검사 실시 중에 수집된 정보에 대한 응축된 개관으로 피검자의 나이, 모사와 회상에 소요된 시간, 원점수, 표준점수, 백분위, T점수 등이 기록되고, 보충검사의 원점수와 백분위도 표시된다. 피검자의 전반적인 수행과 관련이 있는 행동을 기술하거나 검사 실시에 있어서 임상적으로 인상이 깊었던 점을 기록하기 위한 기타 란도 있다.

2. 실시 절차

실시에 앞서 자극 카드가 올바른 순서로 되어 있는지 확인한다. 실시할 첫 번째 카드가 쌓아올린 더미의 가장 위에, 마지막 카드가 가장 밑으로 가도록 둔다. 도형이 안 보이도록 밑으로, 카드의 번호가 보이도록 위로 향하도록 쌓아둔다. 실시되기 전까지는 카드의 도형들이 보이지 않도록 한다. 하나의 테이블과 두 개의 의자가 갖추어진 밝은 곳에서 검사를 실시한다. 테이블은 표면이 매끄럽고 피검자에게 적합하고 편안한 높이여야 한다. 의자는 피검자의 발이 편안하게 바닥에 닿도록 적정한 높이여야 한다. 검사자는 가급적 피검자의 반대편에 앉도록 한다.

연필 한 자루와 용지 한 장을 제공하며 피검자 앞에 그리는 용지를 수직적으로 놓아둔다. 피검자에게 자극 카드를 한 번에 하나씩

보여 주고 표시된 각 카드를 그리는 용지 상단에 정렬한다. 8세 이
하의 피검자에겐 1~13번의 자극 카드를, 8세 이후의 피검자에겐
5~16번의 자극 카드를 반드시 순서대로 실시한다. 실시한 카드는
번호가 앞으로 도형이 뒤로 가도록 하여 카드 더미의 밑바닥에 둔다.

　검사 실시 중에 피검자는 지우개로 지울 수 있으며, 한 장의 용지
보다 더 많은 용지를 사용할 수도 있다. 피검자는 자극 카드를 돌리
거나 조작하거나, 용지 뒷면에 그리거나, 낙서를 하거나, 용지에 검
사하지 않는 도형을 그릴 수 없다. 만약 피검자가 검사 실시 중에 그
릴 의욕이나 용기를 잃으면 최선을 다해 그려 보라고 말한다. 피검
자가 도형을 그리기 시작할 곳을 묻는다면, 원하는 곳 어디에서나
시작하라고 말한다. BGT-II의 실시는 도형 그리기, 소요 시간, 행동
관찰을 포함하기 때문에 검사자는 사전에 검사 실시에 대한 연습을
해야 한다.

1) 모사단계의 실시

　도형들을 모사할 용지는 피검자의 정면 중앙에 수직이 되도록 테
이블 위에 놓는다. "여기에 많은 카드가 있습니다. 각 카드에는 서로
다른 그림이 있습니다. 한 번에 하나씩 보여 줄 것입니다. (용지를 가
리키면서) 각 카드에 있는 그림을 이 용지에 그대로 그리면 됩니다.
카드에 있는 그림과 똑같이 보이도록 그리세요. 시간제한은 없습니
다. 필요한 만큼 충분한 시간이 주어집니다. 질문이 있나요? 여기 첫
번째 카드가 있습니다."라고 지시한다. 첫 번째 카드를 뒤집어 용지
의 위에 정렬하고 초시계를 이용하여 시간을 재기 시작한다.

피검자가 요청을 하거나 그릴 여백이 없는 경우에 한해서만 용지를 더 준다. 관찰기록지에는 피검자가 각 도형을 그리는 방식을 주의 깊게 살펴보면서 관찰 사항을 문서화한다. 만약 피검자가 용지를 오른쪽 혹은 왼쪽으로 기울이면 관찰용지 첫 페이지의 상단에 있는 용지방향의 해당 □에 ✓ 표시를 한다. 검사 실시 과정에서의 관찰 영역을 이용하여 점이나 원, 파선과 같은 요소의 수를 헤아리는 것과 같은 모사단계에서 피검자의 수행과 관련이 있는 어떤 행동이든 기술한다.

피검자가 각 카드의 도형 모사를 모두 마쳤으면 시간 재는 것을 멈추고 총 소요 시간을 분초 단위로 기록한다. 피검자의 용지에 '모사용지'라고 적고 화살로 상단이 어디인지를 표시한다. 그런 다음 용지를 테이블로부터 제거한다.

2) 회상단계의 실시

회상단계는 모사단계 이후 즉각 실시된다. 피검자에게 새로운 용지를 주면서 "이제 당신은 제가 방금 보여 주었던 도형을 기억을 통해 최대한 많이 그리길 바랍니다. 기억나는 대로 도형을 새로 준 용지에 그리세요. 당신이 조금 전에 보았던 카드에 그려진 도형들을 그대로 그려 보도록 하세요. 시간제한은 없습니다. 필요한 만큼 충분한 시간이 주어집니다. 질문이 있나요? 시작하십시오."라고 지시한다.

시간을 재기 시작한다. 피검자가 모든 도형을 그리거나 2분이 지난 후에도 더 이상 도형을 회상하지 못할 때 시간 재는 것을 멈춘다.

회상단계를 완성하는 데 걸린 전체 시간을 관찰기록지의 회상 시간 박스에 분초 단위로 표시한다. 피검자의 용지에 '회상용지'라고 적고 상단이 어디인지를 화살로 표시한다. 관찰기록지의 회상 영역에 있는 회상 순서의 박스에 피검자가 회상한 도형을 순서대로 숫자로 표시한다.

3) 운동검사의 실시

회상단계 후에 운동검사가 실시된다. 운동검사는 [그림 10-2]에서 보듯이 1개의 샘플 문항과 3개의 도형으로 구성된 4개의 문항으로 이루어져 있다. 이 검사는 실시하는 데 대략 2분 정도 소요되며, 최대 4분이 허용된다. 피검자가 모든 문항을 마치거나 4분이 경과되면 실시를 멈춘다.

운동검사의 상단에 있는 지시사항("각 문항에서 제일 큰 그림에서부터 시작하세요. 각 도형에서 경계선에 닿지 않고 점들을 연결시켜 선을 그려야 합니다. 그리는 동안 연필을 들거나 용지를 비스듬히 놓지 마세요.")을 큰 소리로 읽는다. 피검자가 과제를 이해할 수 있도록 필요할 경우 부가적인 지시를 한다.

먼저, 피검자에게 샘플 문항을 완성하라고 요구한다. 피검자가 샘플 문항을 완성하는 것을 통해서 과제를 이해하고 있는지를 확인할 수 있다. 다음엔 문항 1의 그림을 가리키면서 시도해 보라고 말한다. 점 사이의 선을 그리는 동안에 피검자가 연필을 들어 올리거나, 지우거나, 용지를 기울이는 것을 허용하지 않는다. 문항 1에서 화살표는 피검자가 다음에 완성해야 할 그림을 가리킨다. 필요할 경우

각 문항에서 제일 큰 그림에서부터 시작하세요.
각 그림에서 벽에 닿지 않고 점들을 연결시켜 선을 그려보세요.
그리는 동안 연필을 지면에서 떼지 마세요. 지우개를 사용하지 마세요.
용지를 비스듬히 놓지 마세요.

BGT-II
운동검사

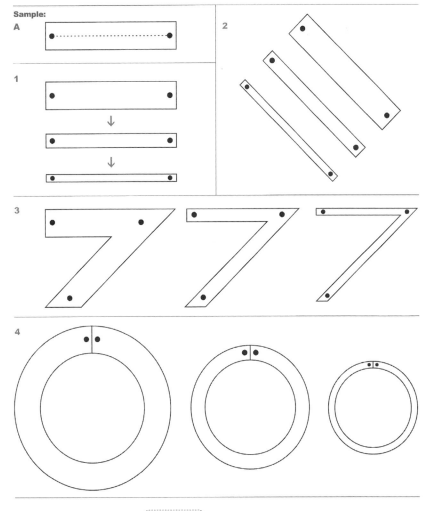

그림 10-2 BGT-II 운동검사

다음 번호의 문항을 가리키면서 지시사항을 반복해서 말한다.

4) 지각검사의 실시

운동검사가 끝나면 지각검사를 실시한다. 지각검사는 [그림 10-3]
에서 보듯이 10개의 도형으로 구성되어 있으며 실시하는 데 2분 정도
소요된다. 이 검사를 위해서는 최대 4분이 허용된다. 피검자가 모든
도형을 완성하거나 4분이 지나면 실시를 멈춘다.

피검자에게 각 열의 왼쪽에 숫자가 적혀 있는 상자 안의 도형과
가장 잘 어울리는 도형을 찾아 동그라미를 그리거나 손으로 가리키
도록 한다(피검자가 연필을 쥐는 것이 힘들 경우 도형을 가리키도록 한
다). "이 도형을 보세요(첫 번째 상자 안의 도형을 가리킨다). 이 열에 이
그림과 똑같이 보이는 또 다른 그림이 있습니다. 이 상자 안의 도형
(상자 안의 도형을 다시 가리키면서)과 똑같이 보이는 도형에 동그라미
를 그리거나 손으로 가리켜 보세요."라고 지시한다.

필요할 경우 첫 번째 도형에 대한 도움을 줄 수 있다. 차례대로 각
열의 각 도형을 가리키면서 이 도형처럼 보이는 그림을 찾아 동그라
미를 그리거나 손으로 가리키도록 한다. 피검자가 가리켜 반응을 했
을 때는 검사자가 동그라미를 그리거나 표시를 해 둔다. 피검자가
한 도형에 반응한 데 30초 이상 걸리면 다음의 것을 해 보자고 말한
다. 건너뛴 도형 옆에 S(skipped의 약어)를 적어 둔다.

왼쪽 칸에 있는 그림과 같은 그림에 동그라미 또는 체크 표시를 하세요.
(필요하면 검사자가 표시 반응을 도와줄 수 있다).

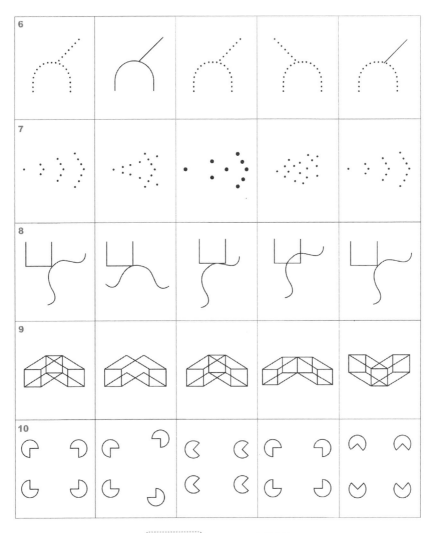

그림 10-3 BGT-II 지각검사

3. 채점 절차

관찰기록지의 'V. 요약' 영역은 검사 실시 중에 수집된 정보에 대한 개관을 제공한다. '요약' 영역을 활용하여 원점수를 합산하고 검사 실시 중에 특이한 관찰 사항을 기록한다. 피검자의 연령, 모사단계와 회상단계에서 소요된 검사 실시 시간, 보충검사의 원점수를 계산하여 적는다. 이 절차를 마친 후 검사자 지침서의 부록을 통해 해당하는 표준점수, 백분위, T점수를 확인하여 적는다.

1) 종합채점법

피검자가 모사단계와 회상단계에서 수행한 각 도형의 전반적 표현을 평가하기 위해서 종합채점법이 사용된다. 종합채점법은 각 도형의 개별 점수와 각 검사의 총점을 산출하기 위해 고안된 5점 척도(0~4점)로 되어 있다. 따라서 각 도형의 개별 점수는 0~4점이고, 각 검사의 총점은 8세 미만의 경우 0~52점, 8세 이후의 경우 0~48점이 된다. 점수가 높을수록 더 좋은 수행을 의미한다.

피검자가 그린 도형을 평가할 때는 판단을 요구하기 때문에 〈표 10-1〉과 같은 채점기준(채점 가이드라인)에 따라 평가한다. 이 채점기준을 이용하는 것은 자극카드의 실제 도형과 피검자가 그린 도형 간의 차이를 검토하기 위한 것이다. 차이가 클수록 점수가 낮아진다.

표 10-1	종합채점법

0 = 전혀 비슷하지 않음, 되는 대로 그렸음, 낙서하듯 그렸음, 도형의 구성
　　요소 결핍
1 = 아주 조금 닮음: 모호하게 닮음　　2 = 약간 닮음: 일부가 닮음
3 = 거의 닮음: 대체로 정확함　　　　　4 = 완벽함

검사자는 브래니건과 데커(Brannigan & Decker, 2003)의 검사자 지침서(Examiner's Manual)를 구입하여 거기에 제시된 채점기준을 익혀야 하며, 각 도형의 채점수준(예컨대, 3점인가 4점인가) 사이를 결정할 수 있어야 한다. 검사자 지침서(실시와 채점절차, 채점기준 및 예시, 표준점수, 백분위, T점수 등), 관찰기록지, 운동검사, 지각검사 원본은 PRO-ED 출판사의 웹사이트(www.proedinc.com)에서, 번역본은 주식회사아딘스의 웹사이트(www.koreapsy.kr)에서 구입할 수 있다.

2) 운동검사의 채점

각 도형별로 옳게 그린 것은 1점, 틀리게 그린 것은 0점을 부여한다. 옳게 그린 것은 선이 양쪽 끝점에 닿고 상자를 벗어나지 않거나, 선이 경계선에 닿았지만 넘지는 않는 경우이다. 틀리게 그린 것은 선이 상자 외부로 확장되거나 양쪽 끝점에 닿지 않은 경우이다. 각 도형을 옳게 그린 수를 합산하여 원점수를 계산한다. 운동검사의 총점은 0~12점이 된다. 관찰기록지의 '요약' 영역에 있는 보충검사의 해당 박스 안에 원점수를 기록하고, 해당 박스의 백분위 범위에 ✓ 체크를 한다.

3) 지각감사의 채점

각각 옳게 응답한 것에 대해 1점, 틀리게 응답한 것에 대해 0점을
부여한다. 옳게 응답한 수를 합산하여 지각검사의 원점수를 계산한
다. 지각검사의 총점은 0~10점이 된다. 관찰기록지의 '요약' 영역에
있는 보충검사의 해당 박스 안에 원점수를 기록하고, 해당 박스의
백분위 범위에 ✓ 체크를 한다.

제**11**장

제**11**장
BGT-Ⅱ의 해석

검사 결과를 해석하기 위해서 BGT-II에서는 개인의 검사 점수와 검사 행동을 통합하는 방법이 권장되고 있다. 검사 점수는 종합채점법에 기반한 양적 검사 결과를 포함하며, 검사 행동은 도형 모사의 특이성과 일반적인 검사 행동의 질적 관찰을 포함한다.

1. 검사 점수의 해석

BGT-II의 모사단계와 회상단계의 원점수는 표준점수(standard score)와 백분위 점수(percentile score)로 변환된다(검사자 지침서 참조). 백분위 점수는 피검자의 점수보다 낮은 점수를 받은 해당 연령

집단의 비율을 백분율로 나타낸 것이다. 예를 들어, 피검자의 원점수가 백분위값 30에 해당된다면, 피검자의 해당 연령 집단에 속하는 개인들의 30%가 피검자의 원점수보다 낮은 점수를 받았고, 70%가 피검자의 원점수보다 높은 점수를 받았다는 것을 의미한다.

표준점수는 피검자가 획득한 점수가 해당 연령집단의 표준화 표본 집단에서 상대적으로 어느 위치에 해당하는가를 나타낸다. BGT-II에서 피검자의 표준점수는 40~160의 범위를 가지며, 평균 (M)은 100이고 표준편차(SD)는 15이다. 따라서 피검자가 해당 연령 집단의 평균 점수를 받았다면 표준점수 100이 된다. 만약 피검자가 평균보다 1 표준편차 높은 점수를 받았다면 표준점수 115가 되고, 평균보다 1 표준편차 낮은 점수를 받았다면 표준점수는 85가 된다. 백분위 점수보다 표준점수의 이점은 집단 간 비교와 임상적 연구의 통계적 분석에 유용하다는 점이다.

모사단계와 회상단계에서의 표준점수와 백분위 점수에 대한 분

표 11-1 BGT-II 표준점수와 백분위 점수에 대한 분류 표시

표준점수	백분위 점수	분류 표시
145~160	99.87~99.99	극히 높음 혹은 극히 우수함
130~144	97.72~99.83	매우 높음 혹은 매우 우수함
120~129	90.88~97.34	높음 혹은 우수함
110~119	74.75~89.74	높은 편
90~109	25.25~72.57	보통(평균)
80~89	9.12~23.17	낮은 편
70~79	2.28~8.08	낮음 혹은 경계선 지체
55~69	0.13~1.94	매우 낮음 혹은 약간 지체
40~54	0.00~0.11	극히 낮음 혹은 지체

류 표시는 〈표 11-1〉과 같다.

보충검사인 운동검사와 지각검사는 특정의 운동 및 지각 능력을 간단히 선별하는 데 도움이 된다. 이들 검사의 목적은 운동 혹은 지각 곤란이 있는가를 감지함으로써 BGT-II 모사단계 및 회상단계에서의 낮은 수행을 이해하는 데 도움을 주기 위한 것이다. 모사단계 혹은 회상단계의 표준점수나 백분위 점수가 '낮은 편' 이하에 해당하면 운동 혹은 지각 곤란을 의심해 볼 수 있다.

2. 검사 행동의 해석

BGT-II 모사단계 및 회상단계에서의 수행 결과와 보충검사의 결과가 피검자의 곤란의 성질에 대한 통찰을 제공할 수 있지만, 수검행동의 관찰을 통해서 얻어진 정보는 빈약한 수행에 영향을 미친 요인을 확인하는 데 결정적일 때가 많다. 피검자에 대한 의미 있는 진단을 위해서는 종합채점법에서 얻은 정보를 "연령, 교육적 지위나 배경, 문화적·인종적 요인, 직업적 요인, 지능, 검사 수행과 검사 행동의 특징"(Canter, 1996: 418)과 같은 자료와 통합시켜야 한다. 이 외에도 다음과 같은 요인들을 고려해야 한다(Sattler, 2002: 218-219).

- 시각적 문제
- 질병, 부상, 피로, 약한 근육과 관련이 있는 생리적 문제
- 출산 시 저체중, 뇌성마비, 겸상 적혈구 빈혈증과 같은 신체장애 조건

- 환경적 스트레스
- 부적절한 동기 상태
- 정서적 문제
- 지적장애
- 사회적 혹은 문화적 실조
- 제한된 경험

보다 구체적으로 새틀러(Sattler, 2002)는 도형 모사는 미세한 운동 발달, 지각적 식별 능력, 지각 및 운동 과정을 통합하는 능력, 원래 도형과 그려야 할 도형 간에 주의를 이동하는 능력을 포함하며, 부적절한 시각-운동수행은 지각의 오류(투입 정보를 잘못 해석), 실행의 어려움(잘못된 미세운동), 통합이나 중심처리 곤란(잘못된 기억 저장이나 인출 체계)로 인한 결과일 수 있다고 지적했다.

코피츠(Koppitz, 1975)는 일반 아동의 수행과 행동/학습곤란을 가진 아동들의 BGT 수행을 비교하였다. 코피츠에 따르면, 표정이 밝고 잘 적응한 6~7세 아이들은 편안하고 자신감을 가지고 그들 앞에 주어진 문제에 대해 앉아서 주의를 기울이고 분석한 다음 도형을 모사하기 시작한다. 또한 대부분 연필을 잘 제어하며 과도하게 서두르지 않고 주의 깊고 신중하게 작업을 한다. 이와 대조적으로 행동/학습곤란을 가진 아이들은 검사 중에 망설임(예: 연필을 깎아도 되는지 질문하거나, 다른 주제에 대해서 말하거나, 다른 대상을 그리기), 충동성(예: 도형을 분석할 겨를도 없이 곧장 그리기 시작함), 강박성(예: 계속해서 세밀히 체크하고 또 체크하기), 불안(예: 계속해서 안심과 격려를 받으려고 함)과 같은 문제를 나타내 보이는 경우가 많다. 코피츠는 잠재적인 행동/학습곤란의 지표로서 다음과 같은 수검행동을 제시하였다.

- 과제를 완성하는 데 지나치게 시간이 많이 소요됨
- 도형을 연필로 그리기 전에 손가락으로 그려 보기
- 도형을 그리는 동안에 각 부분에 손가락으로 갖다 대어 고정하기
- 도형을 간단히 살펴본 뒤에 기억을 통해서 그리기
- 도형을 완성하기 위해 도형 카드나 용지를 돌리기
- 세세한 것을 체크하고 또 체크하며 여전히 그리는 것에 대해 확신을 갖지 못함
- 빨리 그리고 나서 애써가며 지우고 수정하기
- 수정하기 위해 반복된 노력에도 불구하고 저조한 수행에 대해 불만을 표출함

이러한 정보는 대부분 BGT-II 관찰기록지를 통해서 수집할 수 있기 때문에 관찰기록지의 작성이 중요하다.

그 외에도 허트(Hutt, 1945, 1969, 1977, 1985)는 도형 모사와 최종 결과물을 해석하는 데 포함된 과정을 보다 상세하게 분석함으로써 BGT의 사용을 확장하였다. 그는 "피검자의 행동은 때때로 검사 응답 결과만큼이나 중요"(Hutt, 1985: 47)하기 때문에 피검자의 인성특성을 파악하고 변별 진단을 위해서는 피검자의 다음과 같은 작업방식을 살펴보는 것이 중요하다고 말했다.

- 그리는 것을 미리 계획하는가 아니면 충동적으로 혹은 성급하게 그리기 시작하는가?

- 점, 고리모양 혹은 도형 요소들의 수를 헤아리는가 아니면 계획 없이 되는대로 그리기 시작하는가?
- 자주 지우는가? 그렇다면 어떤 도형과 도형의 어느 부분에서 어려움을 가지거나 특별히 주의를 더욱 기울이는가?
- 도형의 어떤 부분을 먼저 그리는가?
- 도형을 모사할 때 나아가는 방향은 어떠한가? 위에서 아래쪽 방향으로 그리는가 아니면 아래에서 위쪽 방향으로 그리는가? 안에서 밖의 쪽으로 그리는가 아니면 밖에서 안쪽으로 그리는가? 도형마다 움직임의 방향이 다른가?
- 스케치를 하듯 그리는가?
- 어떤 도형에서 특이한 심리적 차단 현상을 보이는가?

또한 허트는 제3장에서 다룬 바와 같이 조직, 형태 변화, 형태 왜곡의 세 범주로 검사 행동을 상세하게 분석하였다. 그는 이러한 행동을 해석할 때 성숙과 지능을 고려해야 한다고 조언하였다. 예를 들어, 이러한 행동들은 8세 이하의 아이들과 지적 결함이 있는 사람들에게서 보다 흔하게 나타난다는 것이다. 그는 또한 임상적 통찰에 도움이 될 수 있는 여러 요인을 기술하였다. 실제 도형과 비교하여 크게 그리거나(과대묘사) 작게 그린 것(과소묘사), 용지 가장자리의 과도한 사용, 자극카드의 위치 변경, 움직임 방향의 이탈, 선의 질이 그것이다. 변별 진단은 이탈의 유형뿐만 아니라 이탈의 빈도와 심한 정도(예: 회전의 정도)를 보고 이루어진다.

허트는 신속하면서 효율적이고 정확하게 변별 진단을 할 수 있는 상세한 형태적 분석법(configurational analysis system)을 제시하기도

하였다. 형태적 분석을 위한 채점에서는 모사단계의 점수만을 사용한다. 피검자가 특정한 형태에 포함되는가를 검증하기 위해서는 그 형태에 관련된 요인만을 채점한다. 형태에 있어서 각 요인은 1 혹은 2의 부하점수, 즉 가중치가 주어지며 이러한 부하점수를 합산하게 된다. 부하점수는 변별력에 기초하여 경험적으로 할당된 것이다. 〈표 11-2〉에서 〈표 11-6〉은 해당 정신병리 범주를 변별 진단하는 데 관련이 되는 한 무리(cluster)의 요인이다(Hutt, 1985; 정종진, 2003). 여기서 결정 점수(critical score)는 그 범주에 속할 통계적 가능성이 높음을 의미하며, 경계 점수(marginal score)는 임상적으로 그 범주에 속한다 하더라도 의심스럽다는 것을 의미한다.

표 11-2 기질적 뇌손상의 신속한 변별 진단법

검사 요인 및 채점	부하점수	결정 및 경계 점수
중첩, 보통 (8.5)	2	
각의 변화, 4개 도형 (8.0)	2	
회전, 심함 (10.0)	2	
단순화, 심함 (10.0)	2	
단편화, 심함 (10.0)	2	결정 점수: 10점 이상
중복곤란, 심함 (10.0)	2	경계 점수: 7~9점
고집화, 보통 (7.0)	2	
폐쇄곤란, 심함 (7.0)	1	
선의 질, 선의 굵기가 일정하지 않음	1	

표 11-3 조현병의 신속한 변별 진단법

검사 요인 및 채점	부하점수	결정 및 경계 점수
배열순서, 혼란 (10.0)	2	
도형 A의 위치, 비정상적 배치 (10.0)	2	
공간사용, 비정상적 (10.0)	1	
폐쇄곤란, 심함 (7.75)	1	
곡선곤란, 심함 (10.0)	1	결정 점수: 7점 이상
회전, 보통 (7.0)	1	경계 점수: 4~6점
퇴영, 보통 (7.0)	2	
단순화, 보통 (7.0)	1	
단편화, 보통 (7.0)	1	
정교화, 보통 (7.0)	2	

표 11-4 우울증의 신속한 변별 진단법

검사 요인 및 채점	부하점수	결정 및 경계 점수
배열순서, 아주 엄격함 (4.0)	2	
공간의 압축, 심함, 4개 이상의 도형	2	
교차곤란, 심함 (10.0)	1	결정 점수: 6점 이상
곡선곤란, 심함 (10.0)	2	경계 점수: 4~5점
각의 변화, 심함 (10.0)	1	

표 11-5 지적장애의 신속한 변별 진단법

검사 요인 및 채점	부하점수	결정 및 경계 점수
배열순서, 불규칙 (7.0)	2	
중첩경향 (4.0)	1	
폐쇄곤란, 심함 (10.0)	2	
지각적 회전, 180° 거꾸로 (10.0)	2	결정 점수: 8점 이상
단편화, 도형 7과 8 (10.0)	2	경계 점수: 5~7점
중복곤란, 보통 (5.5)	2	
공간사용, 매우 불규칙	2	
크기의 점증, 도형 5~8	2	

표 11-6   청소년기 정서장애의 신속한 변별 진단법

검사 요인 및 채점	부하점수	결정 및 경계 점수
배열순서, 아주 엄격한 순서 (4.0)	2	
도형 A의 위치, 비정상적 (10.0)	1	
도형 A의 위치, 중앙 (5.0)	2	
공간사용, 비정상적 (10.0)	2	결정 점수: 9점 이상
폐쇄곤란, 심함 (7.5)	2	경계 점수: 7~8점
각의 변화, 3개의 도형 (6.0)	2	
퇴영, 보통 (7)	2	
중복곤란, 보통 (5.5)	2	

랙스(Lacks, 1984, 1999)는 뇌손상의 중요한 변별 진단 요인으로 심한 회전, 중복곤란, 단순화, 단편화, 퇴영, 고집화, 중첩 혹은 중첩경향, 무기력(도형을 부정확하게 그려놓고는 이러한 사실을 인정하지만 그 오류를 교정할 수 없고, 다시 그리려고 하지만 도형 모사의 개선을 성공적으로 가져오지 못한 경우), 현저하고 지속적인 폐쇄곤란, 운동 불협응(도형의 선이 부드럽게 흘러가기보다는 떨리거나 불규칙적인 경우), 심한 각의 곤란, 고립된 큰 그림과 작은 그림(한 도형이 다른 도형들에 비해 혹은 한 도형의 일부가 다른 부분보다 상대적으로 1/3 이상 크거나 작게 그린 경우) 등 12개를 제안하면서, 이 중 5개 이상이 해당하면 기질적 기능장애, 즉 뇌손상이 있는 것으로 진단할 수 있다고 하였다. 랙스의 채점 매뉴얼에 의한 진단적 정확성은 64~86%(평균 77%)로 보고되어 있다. 이러한 랙스가 제안한 BGT 오류 요인들은 변별 진단 과정에서 피검자의 수검행동을 관찰하는 데에도 유용하게 사용될 수 있다.

제**12**장

Koppitz-2의 실시, 채점 및 해석

세실 R. 레이놀즈(Cecil R. Reynolds)는 2007년 기존의 BGT 도형 9개

에다 7개의 도형을 추가하여 개발한 브래니건

과 데커(Brannigan & Decker, 2003)의 BGT-II

카드에 적용하기 위해 Koppitz Developmental

Scoring System for The Bender Gestalt Test,

Second Edition(KOPPITZ-2)을 개발하였다.

KOPPITZ-2는 5~10세 아동들에게 가장 인

기 있고 널리 실시되었던 검사 중 하나인 코

세실 R. 레이놀즈

피츠(Koppitz, 1963, 1975)의 아동용 BGT(The Bender-Gestalt Test for

Young Children)의 채점방식을 대폭 개정하고 확장하여 재개발한 표

준화 검사이다. 여기서는 Koppitz-2로 표기하기로 한다.

Koppitz-2는 본래 BGT의 9개 도형에다 보다 높은 난이도의 도형과 낮은 난이도의 도형을 추가하면서 다양한 특수·임상집단을 토대로 한 규준 자료를 제시하였고, 연령 적용범위를 85세 이상으로 확장하였다. 또한 일반 아동뿐만 아니라 지적장애, 학습장애, 주의력결핍 과잉행동장애, 영재 등과 같은 특수·임상집단의 점수 자료와의 비교를 통한 임상적 활용가능성을 제시하였다. Koppitz-2는 시각-운동통합기능(visual-motor integration skills)과 정서문제(emotional problems)의 가능성을 평가한다. 시각-운동통합기능의 발달 수준은 시각-운동지수(Visual-Motor Index: VMI)를 통해 평가하고, 정서문제의 가능성은 정서지표(Emotional Indicators: EIs)를 통해 평가한다. 시각-운동지수는 5~7세 아동의 경우 34개 항목, 8~85세 이상인 경우는 45개 항목으로 구성되어 있으며, 표준점수로 표시된다.

1. 개발과 용도

코피츠의 발달적 채점 방법은 5~10세 아동들을 대상으로 그들의 시각-운동통합기능을 측정한다. 총 30개 항목으로 구성되어 있으며, 채점항목(오류)의 유무에 따라 0점 아니면 1점이 주어진다. 1960년대 초에 규준이 마련되어 60년 동안 적용되고 있다. 그렇지만 아동뿐만 아니라 고령화 사회에서 성인의 직업재활을 계획하고, 뇌손상을 진단하고 평가하기 위해서는 성인의 시각-운동통합기능에 대한 평가가 유용하다.

브래니건과 데커(Brannigan & Decker, 2003)의 BGT-II의 출현으로 신뢰도를 높이기 위해 추가된 보다 어려운 도형은 성인 평가에도 적합하고, 성인의 평가 과정에서 시각-운동통합기능은 중요한 요소이며, 기하학적 도형을 모사하지 못하고 정상적인 노화과정으로 볼 수 없는 성인의 통합운동장애(dyspraxia, 운동과제를 계획하고 처리하는 데 어려움을 가진 신경계장애로 생각과 인지에도 어려움을 가짐)를 진단 평가하는 데 도움이 된다.

이에 Koppitz-2가 개발되었으며, BGT-II의 16개의 도형 카드, 2개의 검사자 기록지(5~7세용과 8~85$^+$세용), 보충의 정서지표 기록지, 검사자 지침서로 구성되어 있다. 카드 1~13은 5~7세 아동에게, 그리고 카드 5~16은 8세 이후 연령에게 실시된다. Koppitz-2에서 사용되는 도형 카드는 제3장에서 제시한 [그림 3-1]과 같다. 그리고 Koppitz-2가 갖고 있는 주요 용도는 다음과 같이 다섯 가지로 구분해 볼 수 있다(Reynolds, 2007).

첫째, 시각-운동곤란의 유무와 정도를 기록하기 위해 활용될 수 있다. 5~85$^+$세 개인의 시각-운동통합에 결함이 있는지, 있다면 어느 정도인지를 기록하는 데 유용하다. 이러한 정보는 다양한 장애를 진단하는 데 관련이 있기 때문이다.

둘째, 의뢰가 필요한 후보자를 식별하기 위해 활용될 수 있다. 문제가 있는 것으로 진단되면 다른 전문가나 기관에 의뢰되거나 처방 활동이 제공될 수 있다. Koppitz-2 점수가 낮은 피검자들 중에는 시력과 관련된 문제를 배제하거나 교정하기 위해 검안사 또는 안과 의사에 의해 검사가 이루어질 필요가 있는 경우도 있다. 또한 빈약한 시각-운동기능은 기질성의 증후일 수도 있다(Gabel, Oster, &

Butnik, 1986; May & Marozas, 2000; Witt et al., 1988). 실제로 뇌손상이 있는 아동들은 BGT의 여러 측면에서 어려움을 보인다(Koppitz, 1963, 1975). 그렇기 때문에 Koppitz-2 점수가 낮은 아동들은 의사, 검안사 및 아동들의 기질성 관련 문제에 조예가 깊은 전문가들에게 의뢰될 필요가 있다. 연령에 관계없이 뇌손상 혹은 다른 신경적 손상을 겪고 있는 사람들은 시각-지각기능, 미세운동기능, 시각-운동통합체계에 문제를 발전시킬 수 있다(Zillmer & Spiers, 2001). 또한 정서적 문제나 고통을 겪는 사람들은 시각-운동통합체계에 혼란을 경험할 수 있다.

셋째, 중재 프로그램의 효과성을 검증하기 위해 활용될 수 있다. Koppitz-2의 결과는 시각-운동문제를 교정하기 위해 고안된 특별 훈련프로그램의 효과를 알아보기 위해 사용될 수 있다. 마이어스와 햄밀(Myers & Hammil, 1990), 윗 등(Witt et al., 1988)의 연구에 따르면, 특별 지각 훈련에 의한 개선이 대부분의 교과 영역에 전이되거나 학습준비도를 향상시켜 주는 것은 아니지만 아동들이나 모든 연령의 뇌손상 환자들의 눈-손 협응문제를 교정해 준다. 아동들은 지각운동 문제를 경험하며, 이러한 문제는 학습곤란을 야기해서가 아니라 아동이 소유해야 할 일상의 적응기능 수행에 방해가 될 수 있어서 종종 교정을 요구한다. 성인들의 경우 시각-운동통합결함은 고용의 기회와 직업 수행에 곤란을 가져오기도 한다. 직업치료사들은 시각-운동통합결함을 가진 사람들의 미세운동기능과 시각-운동결함을 개선하기 위한 재활 서비스를 제공한다.

넷째, 연구도구로서 활용될 수 있다. Koppitz-2는 시각-운동통합 처리과정을 연구하기 위해 표준화된 도구를 사용하고자 하는 연구자들에게 연구도구로서 가치가 있다. Koppitz-2 결과는 여러 이론들의 적절성을 검증하고 시각-운동통합과 인지, 학업 및 적응과의 관계를 측정하기 위해 사용될 수 있다. 앞서 언급한 바와 같이 Koppitz-2는 또한 여러 중재 프로그램의 효과성을 검증하기 위한 연구도구로서 사용될 수 있다. Koppitz-2는 오늘날 5세에서 85세 이상에 이르기까지 광범위한 연령에 걸쳐 활용될 수 있는 단일 도구로서의 의미를 가진다.

다섯째, 광범위한 연령에 걸쳐 여러 신경심리학적 상태를 변별 진단하는 것을 돕기 위해 활용될 수 있다. 종종 우울장애는 표면적으로 노인의 다양한 치매장애와 흡사하다. 기본적인 시각-운동통합기능의 또 다른 용어인 구조실행능력(constructional praxis, 공간 패턴이나 도형을 그리거나 복사하거나 조작하는 능력)은 우울증의 경우에는 가능하지만 실제 치매의 경우에는 가능하지 않다(Coffey & Cummings, 2000). 노인의 뇌졸중 및 기타 신경심리학적 손상의 원인은 시각-운동기능을 조정하는 뇌 체계의 장애를 일으킬 수도 있고 그렇지 않을 수도 있으며(Zillmer & Spiers, 2001), 노인에게서 이러한 기능을 Koppitz-2에서 제공되는 것처럼 건전하고 신뢰할 수 있고 타당한 방법을 사용하여 평가하는 것이 중요하다. 아동들의 경우 다양한 형태의 뇌병증(예컨대 뇌염, 외상성 뇌손상, 발작장애, 일부 형태의 학습장애)과 관련된 신경심리학적 손상은 결과적으로 시각-운동통합결함을 나타낸다.

Koppitz-2의 표준화 집단은 BGT-II와 같은 표준화 표본을 사용하며, 5세에서 85세 이상 연령의 3,535명으로 구성되어 있다. Koppitz-2 시각-운동지수(Visual-Motor Index: VMI)는 신뢰도와 타

표 12-1 특수 · 임상집단과 통제집단의 Koppitz-2 VMI 수행수준 비교

특수 · 임상집단	특수 · 임상집단		통제집단	
유형	평균	표준편차	평균	표준편차
ADHD	97.5	15.3	98.1	11.3
학습장애(쓰기)	95.8	10.3	97.7	11.0
학습장애(읽기)	92.5	14.0	99.4	13.5
학습장애(수학)	96.0	13.9	99.1	10.9
지적장애	84.1	15.5	99.4	14.7
자폐 스펙트럼 장애	95.0	16.4	100.9	14.5
영재	129.0	13.5	99.4	14.0

당도가 대체로 양호한 것으로 밝혀졌다. 표준화 집단을 대상으로 한 크론바흐의 알파(Cronbach's α)는 .77~.91(평균 .88), 101명을 대상으로 한 검사-재검사 신뢰도는 .75~.84(평균 .78), 채점자 간 신뢰도는 5~7세 연령 프로토콜의 경우 .91이고 8~47세 연령 프로토콜의 경우 .93으로 나타났다. Koppitz-2의 수행과 시각-운동통합기능, 지적 능력, 학업성취도 간의 상관관계가 비교적 높을 뿐만 아니라 〈표 12-1〉에서 주의력결핍 과잉행동장애(ADHD), 학습장애(읽기, 쓰기, 수학), 지적장애, 자폐 스펙트럼 장애, 영재와 같은 임상 및 특수 조건에 있는 개인들을 변별 진단하는 데에 비교적 유용한 것으로 나타났다(Reynolds, 2007).

2. 실시와 채점

Koppitz-2의 정서지표와 그 채점과 해석에 대한 설명은 제3장에

서 다루었다. 여기서는 Koppitz-2의 시각-운동통합기능 수준을 평가하기 위한 실시와 채점법에 대해서만 살펴보기로 한다.

1) 실시

　피검자는 그림을 완성하기 위해 지시사항을 이해할 수 있고, 필요한 반응(그리기)을 할 수 있고, 연필을 쥘 수 있으며, 적절한 운동기능이 있는 5세에서부터 85세 이상의 개인이다. 연필을 정확하게 쥘 수 없고 지시에 따라 그림을 수행할 수 없는 시각-운동 손상이 심한 개인은 피검자로 적절하지 않다. 따라서 검사자는 시각-운동 손상이 있는지의 여부를 살펴보아야 한다.

　Koppitz-2는 실시와 채점이 비교적 쉽긴 하지만, 검사를 실시하고 해석하는 검사자는 통계, 검사 절차, 피검자에 대한 이해 등 심리 평가에 대한 소양을 갖춘 자여야 한다. 시각-운동, 시각-지각 발달, 신경심리학의 이론에 대한 지식은 Koppitz-2의 수행을 평가하고 해석하는 데에 도움이 될 수 있다. 나이가 많은 성인들을 대상으로 Koppitz-2를 사용하기 위해서는 정상 및 비정상 노화 과정에 대한 지식과 교육이 요구된다. Koppitz-2를 처음 사용하는 검사자는 매뉴얼의 내용을 꼼꼼히 읽고 숙지해야 하고, 이해가 되지 않은 부분은 전문가에게 물어보아야 한다. 또한 피검자와 편안한 관계를 발전시키고, 자연스럽게 눈을 맞추며, 피검자의 수행에 관심을 보여야 한다.

　검사 실시를 위한 준비물로는 도형을 그리는 데에 지장이 없도록 표면이 반반한 큰 책상과 편안한 의자, 지우개 달린 연필(여분이 있도록), 피검자에게 맞는 BGT 카드(5~7세의 경우 카드 1~13, 8세 이상의 경우 카드 5~16), 21.59×27.94cm 크기의 모사할 흰 용지(여분이 있도록), 시간을 재기 위한 초시계, 연령에 해당하는 검사자 기록지 등이다. Koppitz-2를 모두 실시하고 채점하는 데 소요되는 시간은 개인에 따라 다르지만 대략 6분 내지 20분 정도이다. 대부분의 사람들은 14분 내외로 요구한 그림을 완성한다.

　검사는 주의를 흩트리지 않는 잘 정돈된 방이나 공간에서 실시되어야 한다. 가급적이면 소음이나 다른 사람이 없는 곳이어야 한다. 전등은 강한 그림자를 드리우지 않도록 머리 위에 있어야 하고, 책상은 검사자와 피검자가 함께 앉아 임무 수행에 지장이 없도록 큰 것이어야 한다. 과거 BGT의 집단실시가 권장된 바가 있지만, Koppitz-2의 실시는 현재 집단실시는 권장되지 않으며 원칙적으로 개별실시로 이루어진다. 검사자는 실시 과정에서 피검자의 수행 수준을 가리키는 말이나 제스처, 예를 들어, "카드에 있는 그림과 똑같이 정확하게 그렸군요."와 같은 말을 해서는 안 된다. 그러나 피검자가 최선의 노력을 하도록 격려해야 한다. "매우 열심히 수행하고 있군요. 감사합니다."와 같이 열심히 수행하고자 노력하는 것에 대해 언어적 강화나 칭찬을 할 수 있다.

　BGT 카드는 검사자 쪽의 책상 모서리에 12장의 카드를 뒤집어 놓아 그림이 보이지 않도록 하여 모두 올려놓는다. 지우개 달린 연필(HB가 적당)과 함께 모사용지를 피검자 앞에 긴 쪽이 수직이 되도록(즉, 세로 방향으로) 놓아두고, 카드는 순서대로 제시한다. 검사자는 피검자에게 비어 있는 흰 용지에 한 번에 하나씩 제시되는 도형을 가능한 한 카드에 있는 도형과 똑같이 보이도록 연필로 그리라고 지시하며, 용지에 그림을 어떻게 배치해야 하는지에 대한 아무런 지시를 하지 않는다. 지시사항은 다음과 같다. "여기에 여러 장의 카드가 있어요. 각 카드에는 서로 다른 그림이 그려져 있습니다. 당신에게 한 번에 한 장씩 카드를 보여 줄 거예요. 이 용지에 연필로 각 카드의 그림을 그대로 그리면 됩니다(종이를 가리킨다). 카드에 있는 그림과 똑같이 보이도록 그리세요. 시간제한은 없고, 당신에게 필요한 만큼의 시간을 줄 거예요. 질문이 있나요?(질문에 대답해 준다) 자! 여기 첫 번째 카드입니다." 이 지시내용을 피검자의 연령과 검사자와의 관계를 고려하여 적절하게 표현하여 지시하면 된다. 첫 번째 카드를 뒤집어 검사용지 위쪽 모서리에 놓고 시간을 재기 시작한다. 각 그림이 완성되면, 다음 카드를 뒤집어 주고 앞 카드의 위에 올려둔다. 전체 도형을 완성하는 데 시간제한은 없지만, 소요된 시간을 검사자 기록지에 기록해 두어 결과 해석에 참고한다.

실시 과정에서 피검자가 모사용지를 긴 쪽이 수평이 되도록(즉, 가로 방향으로) 돌리면, 검사자는 모사용지를 세로 방향으로 다시 바로 놓아 주며 "용지를 이렇게 놓고 그리세요."라고 말한다. 간혹 피검자가 도형의 어떤 특징을 잘 그리기 위해서 모사용지를 다른 방향으로 돌리기도 하는데, 이런 경우도 모사용지를 세로 방향으로 다시 바로 놓아 주며 "용지를 이렇게 놓고 그리세요."라고 말한다. 이런 상황이 반복될 경우 계속 교정해 주어야 한다. 모사용지는 피검자가 요청하면 더 제공하며, 검사자가 자발적으로 제공해서는 안 된다. 피검자는 용지 뒷면에 그리기 위해서 뒤집을 수도 있다. 만약 피검자가 카드를 보여 주고 용지에 그리라고 지시했는데 완성하지 못한다면, 계속해서 그려 완성할 수 있도록 피검자의 연령 수준에 맞게 격려하며 필요할 경우 지시를 다시 한다. 피검자는 지우개를 사용해서 그림을 지울 수 있지만, 검사자가 그렇게 하라고 촉구해서는 안 된다. 피검자가 지워도 좋으냐고 물으면 "예"라고 말한다. 피검자는 자나 기타 보조도구를 사용할 수 없으며 이를 허용하지 않는다. 하지만 연필이나 손가락을 이용하여 선의 길이나 각 등의 모사해야 할 도형을 측정하려는 행동은 허용하고 관찰 사항으로 기록한다. 그 외 실시 과정에서 나오게 되는 피검자의 다양한 질문에 대해서는 "마음대로 하세요." 혹은 "좋을 대로 하세요."라고만 대답하고 도형을 모사하는데 영향을 미칠 수 있는 어떠한 말도 하지 않도록 한다.

피검자가 모든 도형을 완성하면 시간 재는 것을 멈추고, 응답한 모사용지를 회수하며, 검사자 기록지에 완성하는 데 걸린 시간을 기록한 다음, 응답한 모사용지의 편리한 위치에 피검자의 이름을 적는다.

2) 채점

Koppitz-2 시각-운동지수(VMI)의 원점수는 5~7세의 경우 34개 항목(〈표 12-2〉 참조), 8세 이후의 경우 45개 항목(〈표 12-3〉 참조)의 점수를 합산한 총점이다. 채점항목별로 채점기준을 충족시키면 1점을 주고 충족시키지 못하면 0점을 부여한다. 따라서 피검자는 5~7세의 경우 최하 0점에서 최고 34점, 8세 이후의 경우 최하 0점에서 최고 45점을 받을 수 있다. 점수가 높으면 시각-운동기능이 성숙했음을, 점수가 낮으면 시각-운동기능이 미성숙했음을 나타낸다. 연령집단별로 원점수는 백분위(percentile rank)와 미리 정해진 평균(M) 100, 표준편차(SD) 15인 표준점수(standard score)로 전환된다. 검사자 지침서(Reynolds, 2007)를 구입하여 두 연령집단별로 채점항목에 따른 채점기준과 채점의 예를 잘 살펴보고 익혀야 한다. Koppitz-2의 검사자 지침서를 포함하여 카드, 검사자 기록지, 정서지표 기록지는 PRO-ED 출판사의 웹사이트(www.proedinc.com)를 통해 구입할 수 있다.

표 12-2 시각-운동지수(VMI)의 채점항목(5~7세)

도형	채점항목과 채점기준	비고
1	1. 비교적 선이 직선으로 보인다(약간의 곡선은 허용하지만 명확한 각이 없어야 함). 선은 직선에서 3.17mm 이상 벗어나서는 안 되며, 회전은 허용된다.	
2	2. 연속선이 U자 모양이어야 한다. U자 모양의 곡선은 대칭적이어야 하지만, 짧은 쪽이 긴 쪽보다 반 이상 크기여야 한다.	
3	3. 반대의 화살이 모두 두 개의 화살과 연결되어 있는 일자선과 맞닿아 있다.	양쪽 끝에 반대의 화살이 없는 경우 도형 3에 대한 모든 항목은 0점 처리한다. 도형의 일부 혹은 전부가 회전된 것은 허용된다.
	4. 반대의 화살이 모두 3.17mm 이상 선의 끝과 겹치지 않는다.	
	5. 그림이 대칭이거나 거의 대칭이다. 중간점에서 구분되어 있는 경우엔 두 부분이 거의 같아야 한다.	
4	6. 2개의 원 중 하나는 다른 원의 안에 있고, 2개의 원은 대략 원형이거나 적어도 타원형이다. 2개의 원은 2개 이하의 지점에서 접촉할 수 있지만 서로 관통할 수는 없다. 점 또는 완전히 채워진 원은 내부 원으로 사용할 수 없다.	

5	7. 사각형과 원이 거의 크기가 같다(한 도형이 다른 도형보다 크기가 1/2 이상 더 크면 해당되지 않는다).	양쪽 끝에 반대의 화살이 없는 경우 도형 3에 대한 모든 항목은 0점 처리한다. 도형의 일부 혹은 전부가 회전된 것은 허용된다.
	8. 두 그림 모두 30° 이상 회전되어 있지 않다.	
	9. 2개의 그림이 맞닿아 있거나 거의 맞닿아 있다(즉, 3.17mm 이상 떨어져 있지 않다).	
	10. 둥근 모양은 거의 원이고, 두 번째 모양은 4개의 각이 있는 거의 사각형이다(4개의 각은 모두 75° 이상 105° 이내여야 한다).	
6	11. 적어도 일련의 4개의 점이 원 모양으로 나타나거나 점이 비교적 곧은 선으로 보인다(약간의 곡선은 허용하지만 점들이 상상의 선으로 연결되어 있는 경우 명확한 각이 없어야 한다). 회전은 허용된다.	
7	12. 위에서 아래를 볼 때, 세로줄이 왼쪽에서 오른쪽으로 모두 비스듬하게 있다.	원, 점 또는 채워진 원이 3개의 열과 2개의 행 미만인 경우에 도형 7에 대한 모든 항목은 0점 처리한다.
	13. 세로 열이 각각 거의 동일한 간격으로 놓여 있다(이것은 대부분의 경우 시각적으로 보고 결정될 수 있지만, 각 세로 열 간의 간격이 3.17mm 이상 떨어져서는 안 된다).	
	14. 전체적으로 보아 그림의 세로 열과 행이 비교적 일직선으로 이루어져 있다(전체 도형의 회전은 허용된다).	
8	15. 점, 원, 채워진 원에 의해 형성된 전체 모양이 왼쪽에서 시작된 좁은 모양의 작은 화살촉 모양이다. 0점으로 처리되면 항목 16도 0점이어야 한다.	점, 원 또는 채워진 원이 9개보다 적을 경우에 도형 8에 대한 모든 항목은 0점 처리한다.
	16. 전체 모양이 화살촉 모양이고, 윗부분의 반과 아랫부분의 반이 대칭적이거나 거의 대칭적이다.	

9	17. 아래쪽 곡선은 하나의 연속선이며 정사각형의 오른쪽 각에 기울여져 있다. 곡선을 형성하기 위해 그려지고 연결된 2개의 선은 잘 그려지더라도 이 준거를 충족시키지 못한다.	만약 적어도 2개의 그림이 열린 사각형이나 열린 곡선으로 그린 시도가 보이지 않을 때는 도형 9에 대한 모든 항목은 0점 처리한다.
	18. 곡선이 대칭적이거나 거의 대칭적이다. 중간 지점에서 나누어서 접으면 두 반쪽이 만나거나 거의 만나야 한다.	
	19. 열린 사각형이 대칭적이거나 거의 대칭적이다. 중간 지점에서 나누어서 접으면 두 반쪽이 만나거나 거의 만나야 한다.	
10	20. 반원과 선의 두 부분으로 되어 있다. 선은 반원의 중간에서 약간 우측으로 놓여 있고, 약간 위쪽을 향하고 있다.	
	21. 반원은 대칭적이거나 거의 대칭적이다. 중간 지점에서 나누어서 접으면 두 반쪽이 만나거나 거의 만나야 한다.	
	22. 두 개의 모양은 점으로 구성되어 있다(대시, 원, 채워진 원, 쉼표, 낙서, 연속선이 아니다).	
11	23. 두 개의 선(수평선과 수직에 가까운 선)이 수평선 중앙의 우측에 교차한다.	만약 교차된 선이 보이지 않는다면, 도형 11에 대한 모든 항목은 0점 처리한다.
	24. 수평선과 수직에 가까운 선의 교차는 사분면 우측 상단 30°에서 75° 범위 안에서 예각을 형성한다.	
	25. 두 개의 선이 수평선의 중앙 우측 첫 번째 곡선 정점의 3.17mm 이내에서 교차한다.	

12	26. 왼쪽 하단에 기울어진 육각형과 오른쪽 상단에 놓인 육각형이 자극도형과 같은 위치에서 교차한다.	만약 2개의 그림이 교차하지 않는다면 도형 12에 대한 모든 항목은 0점 처리한다.
	27. 오른쪽 상단에 놓인 육각형 대칭적이거나 거의 대칭적으로 놓여있다. 중간 지점에서 나누어서 접으면 두 반쪽이 만나거나 거의 만나야 한다.	
	28. 왼쪽 하단에 기울어진 육각형은 왼쪽에서 오른쪽 중간 지점에 충분히 가까워지도록 오른쪽 상단에 놓인 육각형을 관통하지 않는다(즉, 왼쪽 하단에 기울어진 육각형은 오른쪽 상단에 놓인 육각형의 가장 높고 가장 낮은 지점을 연결하는 선과 접촉하거나 관통하지 않는다).	
	29. 왼쪽 하단에 기울어진 육각형과 오른쪽 상단에 놓인 육각형 모두 벌림 각도와 간격이 3.17mm보다 크지 않다.	
	30. 왼쪽 하단에 기울어진 육각형과 오른쪽 상단에 놓인 육각형 모두 어떤 부분에서든 2개의 선이 갖고 있지 않다.	
13	31. 좀 더 큰 그림은 왼쪽과 오른쪽에 예리한 각을 갖고 있는 육각형이고, 윗면과 밑면이 평행하거나 거의 평행하다.	
	32. 좀 더 작은 그림은 4면이 같거나 거의 같은 길이를 가진 다이아몬드 모양이다(어떤 면도 다른 면보다 길이가 25% 이상 길지 않다).	
	33. 다이아몬드 모양은 완전히 육각형 안에 있고, 육각형의 윗면과 밑면에 닿아야 하며 관통하지 않는다.	
	34. 육각형과 다이아몬드 모양은 누락되거나 추가된 각을 갖고 있지 않다.	

표 12-3　시각-운동지수(VMI)의 채점항목(8~85⁺세)

도형	채점항목과 채점기준	비고
5	1. 5~7세 항목 7과 동일함	
	2. 5~7세 항목 9와 동일함	
	3. 5~7세 항목 10과 동일함	
6	4. 5~7세 항목 11과 동일함	
7	5. 도형이 원으로 구성되어 있으며, 점이나 채워진 원이 3개 이하이다.	원, 점 또는 채워진 원이 3개의 열과 2개의 행 미만인 경우에 도형 7에 대한 모든 항목은 0점 처리한다.
	6. 5~7세 항목 12와 동일함	
	7. 5~7세 항목 13과 동일함	
	8. 5~7세 항목 14와 동일함	
8	9. 점의 열이 4개이며, 열의 중앙에 있는 점들은 모두 직선으로 연결될 수 있다. 그 직선은 각 열의 중앙에 있는 점을 지나 갈 것이다.	점, 원 또는 채워진 원이 9개보다 적을 경우에 도형 8에 대한 모든 항목은 0점 처리한다.
	10. 5~7세 항목 16과 동일함	
9	11. 5~7세 항목 17과 동일함	
	12. 5~7세 항목 18과 동일함	
	13. 5~7세 항목 19와 동일함	
10	14. 5~7세 항목 20과 동일함	
	15. 5~7세 항목 21과 동일함	
	16. 5~7세 항목 22와 동일함	
	17. 점들이 거의 같은 크기이다(즉, 가장 작은 점보다 적어도 50% 더 큰 점이 없다).	
11	18. 5~7세 항목 23과 동일함	
	19. 5~7세 항목 24와 동일함	
	20. 5~7세 항목 25와 동일함	

12	21. 5~7세 항목 26과 동일함	만약 2개의 그림이 교차하지 않는다면 도형 12에 대한 모든 항목은 0점 처리한다.
	22. 5~7세 항목 27과 동일함	
	23. 왼쪽 하단에 기울어진 육각형은 6개의 구별되는 면이 있어야 하고 대칭적이거나 거의 대칭적이다. 중간 지점에서 나누어서 접으면 두 반쪽이 만나거나 거의 만나야 한다.	
	24. 5~7세 항목 28과 동일함	
	25. 5~7세 항목 29와 동일함	
	26. 5~7세 항목 30과 동일함	
13	27. 5~7세 항목 31과 동일함	
	28. 5~7세 항목 32와 동일함	
	29. 5~7세 항목 33과 동일함	
	30. 5~7세 항목 34와 동일함	
14	31. 정확하게 3개의 구별되는 사각형이 있다.	항목 31에서 0점이면 도형 14의 나머지 항목도 모두 0점 처리한다.
	32. 3개의 사각형은 각각 분명하게 구별되는 4개의 올바른 각을 갖고 있다(각각의 각은 올바른 각으로 볼 수 있는 80° 내지 100° 사이여야 한다).	
	33. 3개의 사각형은 크기가 같거나 거의 같다(즉, 가장 큰 사각형은 가장 작은 사각형보다 10% 더 크지 않다).	
	34. 사각형의 모퉁이는 정확하게 이어져 있다(즉, 간격이 없거나 3.17mm 이상 초과하지 않는다). 모서리가 접힌 것은 이 기준을 충족시키지 못하기 때문에 0점 처리한다.	
	35. 3개 사각형의 면을 형성하는 선이 상당히 똑바르고(약간 굽은 것은 허용된다), 어느 면에서든 각이 없다. 각이나 선에서 모서리가 접힌 것은 0점 처리한다.	

15	36. 각각 4개의 모양은 거의 올바른 각을 포함하고 있다(각은 허용될 수 있는 80° 내지 100° 사이여야 한다).	적어도 4개의 구분되는 그림이 보이지 않으면 도형 15에 대한 모든 항목은 0점 처리한다.
	37. 각각 4개의 모양에서 둥근 부분은 거의 원이며 뚜렷한 각을 포함하고 있지 않다.	
	38. 각각 4개의 모양에서 2개의 직선은 원 중앙의 3.17mm 이내에서 닿는다.	
	39. 직선의 끝은 간격 없이 닿거나 3.17mm 이상 초과하지 않는다.	
16	40. 3개의 입방체가 있고, 각각 3개의 면이 보인다.	
	41. 3개의 입방체 모두에서 입방체 면의 반대쪽 선은 평행하거나 거의 평행하다.	
	42. 세 입방체 모두에서 각각의 입방체 면은 명확하게 구별되는 4개의 모퉁이를 갖고 있다.	
	43. 각 입방체의 면을 구성하는 선들이 비교적 똑바르고(약간 굽은 것은 허용된다), 어느 선에서든 뚜렷한 각이 보이지 않는다.	
	44. 3개의 입방체는 크기가 같거나 거의 같다(즉, 가장 큰 입방체는 가장 작은 입방체보다 10% 더 크지 않다).	
	45. 똑바른 선의 끝은 간격 없이 닿거나 3.17mm 이상 초과하지 않는다.	

3. 해석

앞에서 설명한 채점기준에 따라 두 연령집단별로 해당 채점항목에 대한 점수를 합산한 총점은 원점수가 되고, 이 원점수는 피검자의 시각-운동통합기능 수준을 평가하고 해석하기 위해 백분위와 표준점수로 전환된다(검사자 지침서 참조). Koppitz-2 시각-운동지수(VMI)는 앞에서 언급한 바와 같이 평균(M) 100, 표준편차(SD) 15로 설정된 연령 교정 편차 척도 점수이다. 특정 VMI 범위의 함수로서 Koppitz-2 수행에 대한 일련의 기술적(descriptive) 설명은 〈표 12-4〉와 같다 (Reynolds, 2007).

〈표 12-4〉에서 보듯이 VMI가 평균 이하 1.3 표준편차에 해당하는 점수를 받은 개인은 경미하게 손상된 것으로 여겨지고, 평균 이하 2 표준편차 이상에 해당하는 점수를 받은 개인은 심한 손상이 있는 것으로 여겨진다. 벤더(Bender, 1970)와 코피츠(Koppitz, 1975)의 견해에 비추어 볼 때, 크게 보아 평균 이상인 경우 피검자의 시각-

표 12-4 Koppitz-2 VMI에 대한 기술적 평가

VMI	기술적 평가	전집의 백분율(%)
<70	심한 손상	2.34
70~79	경미한 손상	6.87
80~89	낮은 평균	16.12
90~109	평균	49.61
110~119	높은 평균	16.12
120~129	우수	6.87
≥130	매우 우수	2.34

지각기능과 미세운동 협응이 적절한 수준이라고 예상해볼 수 있으며, 평균 이하일 때는 피검자의 시각-운동통합 과정에 문제가 있거나 아니면 동기나 주의력의 부족 때문일 수 있다. 그러므로 검사자는 손상의 원인과 그 의미를 파악하기 위해서는 다른 검사 자료와 피검자의 이력을 살펴보아야 하고, 시각-지각 및 순수 운동문제를 시각-운동통합장애(구조적 운동장애)와 구별할 필요가 있다.

Koppitz-2의 결과를 해석할 때 또 고려해야 할 점은 전체 도형을 완성하는 데 걸린 시간이다. 일부 피검자는 지나치게 빨리 작업하여 시각-운동통합결함을 반영하지 않고 오히려 충동 제어 및 계획 능력의 문제를 반영하는 충동적 실수를 범할 수 있다. 또 어떤 피검자는 전체 도형을 완성하는 데 많은 시간을 요구하기도 하는데, 이것은 정확하게 수행하기 위해서 보다 집중이 필요하거나 그리는 과정에서 범한 실수를 교정할 필요가 있기 때문일 수 있다. 이런 피검자는 일상적인 시각-운동통합 과제에 대해 평균 범위에서 수행할 수가 없다.

고려해야 할 또 다른 사항은 진단은 사람이 하는 것이지 검사가 하는 것이 아니라는 점이다. 검사 결과는 특정 상황하에서 특정 시간에 실시된 수행 수준을 나타내는 것일 뿐, 피검자가 '왜' 그렇게 수행했는지에 대해 검사자에게 말해 주지 않는다. 검사 수행의 '왜'에 관한 질문은 진단에서 매우 본질적인 것으로, 그 질문은 통찰력이 있고 유능한 검사자에 의해 대답될 수 있다. 검사 결과는 진단에 유용한 기여를 하지만, 실제 진단은 궁극적으로 검사자의 임상 기술과 경험, 피검자의 이력 및 기타 검사 자료에 대한 광범위한 지식에 달려 있다. 예를 들어, 어떤 피검자의 Koppitz-2 VMI에서의 표준점

수가 80 이하라는 이유만으로 시각-운동문제를 갖고 있다고 성급
히 결론 내려서는 안 된다. 나쁜 시력, 몸이 아프고 괴로움, 검사 당
일 낮은 동기부여 등과 같은 검사 수행에 영향을 미칠 수 있는 여러
요인을 고려해야 한다. 그러므로 정확한 진단과 임상적 결정을 하기
위해서 검사자는 검사 결과 이외의 정보를 수집하고 검토해야 한다.

Koppitz-2로부터 획득된 VMI는 그에 해당하는 백분위로 설명되
어야 한다. 백분위란 지정된 점수보다 낮은 점수를 받은 모집단의
백분율을 나타내는 수치이기 때문에 한 개인의 상대적 위치를 파악
하고 해석하는 데에 유용하다. 예를 들어, VMI 70을 백분위로 전환
했을 때 백분위 2가 된다고 하자. 이것은 해당 연령 수준에서 단지
2%(100명 중에서 2명)만이 VMI 70이하의 점수를 받았고, 98%(100명
중에서 98명)가 VMI 70 이상의 점수를 받았다는 것을 의미한다.

참고문헌

강문희, 박경, 정옥환(2011). 아동심리검사(개정판). 경기: 교문사.

김재환, 오상우, 홍창희, 김지혜, 황순택, 문혜신, 정승아, 이장한, 정은경 (2014). 임상심리검사의 이해(2판). 서울: 학지사.

오상우(2001). 벤더 도형 검사. 한양대학교 학생생활상담연구소(편), 상담과 심리검사: 투사적 검사의 활용(pp. 43-63). 제14차 학술세미나.

임세라, 이시종(2014). 미술치료사를 위한 심리검사. 경기: 이담북스.

정종진(2003). BGT 심리진단법. 서울: 학지사.

조성희, 신수경(2019). 심리검사 해석상담. 서울: 학지사.

Archer, R. P., Maruish, M., Imhof, E. A., & Piotrowski, C. (1991). Psychological test usage with adolescent clients: 1990 survey findings. *Professional Psychology Research and Practice, 22*(3), 247-252.

Belter, R. W., McIntosh, J. A., Finch, A. J., Jr., Williams, L. D., & Edwards, G. L. (1989). The Bender–Gestalt as a method of personality assessment with adolescents. *Journal of Clinical Psychology, 45*, 414-423.

Bender, L. (1932). Principles of gestalt in copied form in mentally defective and schizophrenic person. *Archives of Neurology and Psychiatry, 27*(3), 661-686.

Bender, L. (1938). *A visual motor gestalt test and its clinical use*. Research Monograps, American Orthopsychiatric Association, 3, xi, 176.

Bender, L. (1946). *Bender Motor Gestalt Test: Cards and manual of instructions*. New York: American Orthopsychiatric Association.

Billingslea, F. Y. (1963). The Bender–Gestalt: A review and a perspective. *Psychological Bulletin*, *60*, 233–251.

Bond, T. G., & Fox, C. M. (2001). *Applying the Rasch model: Fundamental measurement in the human sciences*. Mahwah, NJ: Lawrence Erlbaum.

Brannigan, G. G., & Brunner, N. A. (1989). *The modified version of the Bender–Gestalt Test for preschool and primary school children*. Brandon, VT: Clinical Psychology Publishing.

Brannigan, G. G., & Brunner, N. A. (1996). *The modified version of the Bender–Gestalt Test for preschool and primary school children* (Revised). Brandon, VT: Clinical Psychology Publishing.

Brannigan, G. G., & Brunner, N. A. (2002). *Guide to the qualitative scoring system for the modified version of the Bender–Gestalt Test*. Springfield, IL: Charles C Thomas · Publisher, Ltd.

Brannigan, G. G., & Decker, S. L. (2003). *Bender Visual–Motor Gestalt Test* (2nd ed.). Springfield, IL: The Riverside Publishing Co.

Canter, A. (1963). A background interference procedure for graphmotor tests in the study of deficit. *Perceptual and Motor Skills*, *16*, 914.

Clarizio, H. F., & Higgins, M. M. (1989). Assessment of severe emotional impairment: Practices and problems. *Psychology in the Schools*, *26*, 154–162.

Clawson, A. (1959). The Bender Visual Motor Gestalt Test as an index of emotional disturbance in children. *Journal of Projective Techniques*, *23*, 198–206.

Clawson, A. (1962). *The Bender Visual–Motor Gestalt Test for children: A manual*. Los Angeles: Western Psychological Services.

Coffey, C. E., & Cummings, J. L. (Eds.). (2000). *Textbook of geriatric neuropsychiatry* (2nd ed.). Washington, DC: American Psychiatric Association.

Dixon, J. L. (1998). Concurrent validity of the Koppitz Bender-Gestalt emotional indicators among adult women with mental retardation. *Perceptual and Motor Skills, 86*, 195-197.

Donnelly, E. F., & Murphy, D. L. (1974). Primary affective disorder: Bender-Gestalt sequence of placement as an indicator of impulse control. *Perceptual and Motor Skills, 38*(3, pt 2), 1079-1082.

Gabel, S., Oster, G. D., & Butnik, S. M. (1986). *Understanding psychological testing in children.* New York: Plenum Medical Book.

Groth-Marnat, G. (2003). *Handbook of psychological assessment* (4th ed.). New York: John Wiley & Sons.

Hain, J. D. (1964). The Bender Gestalt Test: A scoring method for identifying brain damage. *Journal of Consulting Psychology, 28*(1), 34-40.

Halpern, F. (1951). The Bender Visual Motor Gestalt Test. In H. H. Anderson & G. L. Anderson (Eds.), *An introduction to projective techniques.* New York: Prentice-Hall.

Hutt, M. L. (1945). *A tentative guide for the administration and interpretation of the Bender-Gestalt Test.* U.S. Army Adjuntant General's School.

Hutt, M. L. (1950). Revised Bender Visual Motor Gestalt Test. In A. Weider (Ed.), *Contributions toward medical psychology* (Vol. 1). New York: Ronald Press.

Hutt, M. L. (1953). Revised Bender Visual Motor Gestalt Test. In A. Weider (Ed.), *Contributions toward medical psychology* (Vol. 2). New York: Ronald Press.

Hutt, M. L. (1960). The revised Bender-Gestalt Test. In A. C. Carr (Ed.), *The prediction of overt behavior through the use of projective techniques.* Springfield, IL.: Charles C Thomas · Publisher.

Hutt, M. L. (1977). *The Hutt adaptation of the Bender-Gestalt Test* (3rd ed.). New York: Grune & Stratton.

Hutt, M. L. (1985). *The Hutt adaptation of the Bender-Gestalt Test* (4th ed.).

New York: Grune & Stratton.

Hutt, M. L., & Briskin, G. J. (1960). *The clinical use of the revised Bender-Gestalt Test*. New York: Grune & Stratton.

Kennedy, M. L., Faust, D., Willis, W. G., & Pitorowski, C. (1994). Social-emotional assessment practices in school psychology. *Journal of Psychoeducational Assessment*, *12*(3), 228-240.

Keogh, B. K. (1968). The coping ability of young children. *New Research in Education*, *11*, 43-47.

Keogh, B. K., & Smaith, C. E. (1961). Group techniques and proposed scoring system for the Bender-Gestalt Test with children. *Journal of Clinical Psychology*, *17*, 122-125.

Koppitz, E. M. (1963). *The Bender-Gestalt Test for young children*. New York: Grune & Stratton.

Koppitz, E. M. (1975). *The Bender-Gestalt Test for young children*. (Vol. 2: Research and application, 1963-1973). New York: Grune & Stratton.

Koppitz, E. M. (1982). Personality assessment in the schools. In C. R. Reynolds & T. B. Gutkin (Eds.), *The handbook of school psychology* (pp. 273-295). New York: John Wiley & Sons..

Lacks, P. (1984). *Bender Gestalt screening for brain dysfunction*. New York: John Wiley & Sons.

Lacks, P. (1999). *Bender Gestalt screening for brain dysfunction* (2nd ed.). New York: John Wiley & Sons.

Leton, D. A., Miyamoto, K. K., & Ryckman, D. B. (1987). Psychometric classification of learning disabled students. *Psychology in the Schools*, *24*, 201-209.

May, D. C., & Marozas, D. S. (2000). Visual-perception and discrimination. In C. R. Reynolda & E. Fletcher-Janzen (Eds.), *Encyclopedia of special education* (pp. 1887-1888). New York: John Wiley & Sons.

Mosher, D. L., & Smith, J. P. (1965). The usefulness of two scoring system for the Bender Gestalt Test for identifying brain damage. *Journal of Consulting Psychology, 29*, 530-536.

Murphy, K. R., & Davidshofer, C. O. (2004). *Psychological testing: Principles and applications* (6th ed.). Englewood Cliffs, NJ: Prentice Hall.

Myers, P. I., & Hammill, D. D. (1990). *Learning disabilities: Basic concepts, assessment practices, and instructional strategies.* Austin, TX: PRO-ED.

Pascal, G. R., & Suttell, B. J. (1951). *The Bender-Gestalt Test: Quantification and validity for adults.* New York: Grune & Stratton.

Perticone, E. X. (1998). *The clinical and projective use of the Bender-Gestalt Test.* Springfield, IL.: Charles C Thomas Publisher.

Poitrowski, C. (1995). A review of the clinical and research use of the Bender-Gestalt Test. *Perceptual and Motor Skills, 81*, 1272-1274.

Prado, W. M., Peyman, D. A., & Lacey, O. L. (1960). A validation study of measures of flattened affect on the Bender-Gestalt Test. *Journal of Clinical Psychology, 16*(4), 435-438.

Rasch, G. (1960). *Probabilistic models for some intelligence and attainment tests.* Copenhagen, Denmark: Denmarks Paedagogiske Institut.

Reichenberg, N., & Raphael, A. J. (1992). *Advanced psychodiagnostic interpretation of the Bender Gestalt Test: Adults and children.* 최성진 역 (2015). 성인과 아동을 위한 BGT의 정신역동적 해석. 서울: 박영스토리.

Reynolds, C. R. (2007). *Koppitz developmental scoring system for the Bender Gestalt Test* (2nd. ed.) (Koppitz-2). Austin, Texas: PRO-ED, Inc.

Reynolds, C. R., & Kamphaus, R. W. (2004). *Behavior assessment system for children* (2nd ed.). Circle Pines, MN: American Guidance Service.

Sattler, J. M. (2002). *Assessment of children: Behavioral and clinical applications* (4th ed.). San Diego, CA: Jerome M. Sattler, Pulicher.

Schneider, H. L. (1982). The validity of the Bender-Gestalt Test as a projective technique. Unpublished doctoral dissertation, Yeshiva

University.

Silver, A. A. (1950). Diagnostic value of three drawing tests for children. *Journal of Pediatrics*, *37*, 120–143.

Stinnett, T. A., Harvey, J. M., & Oehler-Stinnett, J. (1994). Current test usage by practicing school psychologists: A national survey. *Journal of Psychoeducational Assessment*, *12*(4), 331–350.

Tolor, A., & Brannigan, G. G. (1980). *Research and clinical applications of the Bender-Gestalt Test*. 김정규, 정종진 공역(1987). **BGT의 연구와 임상적 적용**. 서울: 중앙적성출판사.

Tolor, A., & Schulberg, H. C. (1963). *An evaluation of the Bender-Gestalt Test*. Springfield, IL.: Charles C Thomas Publishers.

Wertheimer, M. (1923). Studies in the theory of Gestalt psychology. *Psychologische Forschung*, *4*, 301–350.

Wilson, M. S., & Reschly, D. J. (1996). Assessment in school psychology training and practice. *School Psychology Review*, *25*(1), 9–23.

Witt, J. C., Elliott, S. N., Gresham, F. M., & Kramer, J. J. (1988). *Assessment of special children*. Boston: Scott, Foresman.

Wright, B. D., & Stone, M. H. (1979). *Best test design*. Chicago: Mesa Press.

Zillmer, E. A., & Spiers, M. V. (2001). *Principles of neuropsychology*. Belmont, CA: Wadsworth.

찾아보기

인명

ㅅ

신수경 44, 150

ㅇ

이시종 21
임세라 21

ㅈ

정종진 235
조성희 44, 150

A

Archer, R. P. 19

B

Bender, L. 21, 22, 26, 27, 34, 35,
204, 256

Bond, T. G. 205

Brannigan G. G. 20, 40, 203, 206,
209, 210, 226, 241

Briskin, G. J. 71

Brunner, N. A. 40

Butnik, S. M. 242

C

Canter, A. 231

Clawson, A. 77, 110

Coffey, C. E. 243

Cummings, J. L. 243

D

Davidshofer, C. O. 28

Decker, S. L 40, 203, 209, 210. 226, 241

Donnelly, E. F. 114

F

Fox, C. M. 205

Freud, S. 18

G

Gabel, S. 241

H

Hain, J. D. 72, 84

Halpern, F. 75

Hammil, D. D. 242

Harvey, J. M. 20

Hutt, M. L. 27, 34, 35, 45, 61, 68, 69, 70, 71, 75, 76, 77, 81, 83, 84, 233, 235

K

Kennedy, M. L. 20

Keogh, B. K. 20

Koppitz, E. M. 23, 25, 35, 38, 45, 48, 83, 84, 118, 232, 239, 242, 256

L

Lacey, O. L. 75

Lacks, P. 38, 41, 42, 44, 208, 237

Leton, D. A. 208

M

Marozas, D. S 242

May, D. C. 242

Meyers, P. I. 242

Miyamoto, K. K. 208

Mosher, D. L. 84

Murphy, K. R. 28, 114

O

Oehler-Stinnett, J. 20

Oster. G. D. 241

P

Pascal, G. R. 34, 35

Perticone, E. X. 45, 99, 100, 118, 125, 172, 185

Peyman, D. A. 75

Piotrowski, C. 20

Prado, W. M. 75

R

Raphael, W. M. 39, 45, 85

Reichenberg, N. 39, 45, 85

Reschly, D. J. 20

Reynolds, C. R. 46, 59, 239, 241, 244, 249, 256

Ryckman, D. B. 208

S

Sattler, J. M. 40, 231, 232

Schneider, H. L. 23

Schulberg, H. C. 27

Smith, J. P. 84

Spiers, M. V. 242

Stinnett, T. A. 20

Stone, M. H. 205

Suttell, B. J. 34, 35

T

Tolor, A. 20, 26, 206

W

Wertheimer, M. 22, 23, 28

Wilson, M. S. 20

Witt, J. C. 242

Wright, B. D. 205

Z

Zillmer, E. A. 242

내용

5점 척도 225

5점 평정척도 207

ㄱ

가정 분위기 141

가정놀이검사 19

가정환경 141, 142, 173

가정환경 190, 191, 194

가중묘사 48, 56, 118, 121, 122, 126,
    136, 137, 144, 145, 146, 148, 186,
    188, 190, 191

가중치 235

가학성-피학성 89, 92

각의 곤란 208, 237

각의 둔 119, 120, 121

각의 변화 62, 64, 76, 236, 237

갈등 41, 42, 144, 146, 179, 191

감각적 손상 212

강박성 181, 183, 232

개별검사 34

개별실시 34, 246

개성 42

개인적 부적절감 147

객관적 검사 18, 19

거세불안 94

검사 배터리 43, 100

검사 점수 229

검사 행동 229, 231, 234

검사자 기록지 241, 246, 247, 248, 249

검사자 지침서 226, 241, 248, 249, 256

검사장면 34

검사-재검사 신뢰도 209, 244

결정 점수 235, 236, 237

겸상 적혈구 빈혈증 40, 231

경계 점수 235, 236, 237

경사 118, 122, 123, 130, 131, 132, 133, 135, 142, 143, 148, 149

경조병 72

고집경향 83

고집화 62, 64, 81, 83, 84, 208, 237

고착 119, 141

곡선곤란 62, 64, 75, 236

공간 사용 62, 64, 69, 70, 109, 115, 118, 236, 237

공격성 57, 94, 95

공포 83

공포증 74

과대묘사 48, 53, 234

과소묘사 48, 54, 234

관계곤란 140, 145

관찰기록지 206, 207, 211, 212, 216,
  219, 220, 225, 226, 227, 233

교육장면 18, 20

교차곤란 62, 64, 74, 236

구조실행능력 243

구조적 운동장애 257

굵은 선 48, 56, 121

규준 204, 205, 206, 240

그림좌절검사 19

기질적 기능장애 20, 237

기질적 뇌손상 27, 39, 81, 87, 94, 95

기하학적 도형 46

ㄴ

난이도 203, 204, 205, 206, 240

남근상 92

남성성 90, 91

내적 일관성 209

내적 통제력 58, 59

뇌기능장애 21, 39, 41, 42, 87

뇌병증 243

뇌성마비 40, 231

뇌손상 20, 23, 71, 72, 84, 118, 208,
  237, 242

ㄷ

다면적 실시 절차 101

다차원적 평가도구 101

단순화 62, 64, 79, 80, 81, 236, 237

단어연상검사 19

단편화 62, 64, 79, 80, 81, 236, 237

대뇌피질 24

대인 갈등 122, 129, 145, 149

대인 곤란 127, 129, 145

대인관계 17, 41, 73, 74, 90, 101, 110, 119, 126, 133, 136, 138, 140, 145, 150, 188

도형 1 28, 42, 50, 52, 78, 79, 83, 87, 102, 119 ,130, 132, 159, 173, 174, 175, 177, 181, 183, 188, 193, 197, 198

도형 2 29, 51, 73, 76, 78, 83, 88, 132, 161, 175, 176, 188, 193, 197, 199

도형 3 30, 76, 89, 105, 133, 134, 162, 175, 176, 180, 181, 183, 189, 193, 197, 199

도형 4 28, 30, 55, 73, 75, 76, 90, 136, 138, 139, 140, 144, 145, 164, 178, 179, 180, 181, 182, 183, 190, 194, 197, 198

도형 5 28, 30, 76, 92, 141, 142, 165, 172, 173, 175, 177, 190, 191, 194, 197, 198

도형 6 30, 59, 74, 76, 93, 120, 142, 143, 166, 190, 195

도형 7 30, 53, 59, 73, 76, 79, 81, 94, 105, 144, 145, 157, 168, 173, 174, 175, 177, 178, 179, 180, 191, 195

도형 8 28, 30, 95, 147, 148, 149, 169, 173, 174, 176, 177, 180, 191, 195, 196, 197, 198

도형 A 28, 36, 53, 55, 69, 73, 79, 81, 86, 90, 102, 104, 120, 122, 125, 127, 129, 137, 144, 145, 156, 157,

158, 172, 174, 188, 192

도형 A의 위치 62, 63, 64, 68, 69, 237

도형 배열 110

도형 배열의 순서 34

도형 배열의 압축 115

도형 배치의 혼란 48, 49

동성애 91

동일시 179, 180, 183, 190

ㄹ

라쉬 분석 205, 206

로르샤흐 잉크반점검사 19

로지스틱 모델 205

ㅁ

모사단계 20, 38, 39, 61, 102, 103, 209, 211, 218, 219, 225, 229, 230,

231, 235

모사용지 33, 36, 37, 41, 42, 49, 58, 65, 68, 77, 102, 103, 110, 115, 186, 219, 246, 247, 248

모집단 205

무선표집 63

문장완성검사 19

문항난이도 205

미국심리학회 63

미성숙 20

미세운동기능 242

ㅂ

반복 시행 48, 57

반분신뢰 209

반사회적 태도 86

반응경향성 18

반응의 자유도 19
반항적 경향성 41, 77
발달사 44
발달장애 208
발달적 미성숙 72, 77, 114
발달적 성숙도 20
발달적 채점 방법 46, 240
발달지체 119
방어기제 18, 180, 186
방어성 156
배경간섭절차 39
배열순서 62, 64, 65, 67, 68, 236, 237
백분위 217, 225, 226, 227, 248, 256, 258
백분위 점수 229, 230, 231
백분율 230
벤더-게슈탈트검사 19

변별 진단 233, 234, 235, 237
변용묘사단계 61
변화이탈 65, 66, 67, 68
보조도구 36, 37, 248
부모 카드 86
부정적 태도 46
부하점수 63, 235
부호화 209
분노 88, 179
불안 36, 42, 55, 58, 60, 68, 69, 72, 79, 83, 84, 144, 182, 190, 191, 232
불안신경증 68
비언어적 검사 20
비언어적 반응 179

ㅅ

사례연구 185

사전계획능력 35, 84

사회경제적 수준 203

사회적 상호작용 44

상담장면 19, 44, 150

상자 속에 그림 그리기 59

상징적 동작 138

상징적 의미 100, 109, 125, 126, 136, 150, 157

생활공간 69, 132, 147, 191

선별검사 38

선의 굵기 33

선택적 연상 101, 171, 172, 197, 198

선택적 연상단계 101, 106, 171, 199

성격구조 17

성격장애 93

성격적 투사 106

소심함 55, 56

수검 불안 21

수검태도 37

수검행동 35, 37, 40, 100, 212, 231, 233, 237

수용기관 24

수줍음 56

순간노출제시 39

시각-운동 형태 검사 23

시각-운동적 성숙 22

시각-운동지각 46

시각-운동지각의 과정 25

시각-운동지수 240, 243, 248, 249, 256

시각-운동통합기능 203, 205, 208, 240, 241, 244, 256

시각-운동통합장애 257

시각적 자극 20

시간제한 35, 40, 211, 218, 219

신경심리 손상 208

신경심리적 기능장애 20

신경적 손상 59, 94, 119, 242

신경증 환자 79, 81

신경증적 증후 108, 171

신경증적 행동화 143

신뢰도 209, 210, 241, 243

신뢰성 20

신체적 반응 107

심리검사 17, 18, 20, 34, 109, 204

심리내적 갈등 194

심리사회적 세계 146

심리사회적 환경 114, 115

심리상담 185

심리역동 99

심리적 부모 86

심리적 위축 42

심리적 차단 74, 234

심리측정법 204

심리평가 204

ㅇ

알츠하이머형 치매 209

압박감 55, 148

압축 48, 140, 189

얇은 선 48, 55, 190

양극성 기분장애 68, 114

양적 접근 99, 100

언어장애 191

언어적 반응 108, 155, 179

언어적 설명 107

언어적 연상 109, 158, 196

언어적 행동 155

여성성 90

역동심리학 26, 27

연상단계 20, 61

연속성 24

열등감 147

영재 209, 240, 244

오류 26, 40, 42, 63, 99, 100, 103,
    118, 122, 141, 186, 232, 240

오이디푸스 콤플렉스 180

완벽주의 110, 181

완충검사 21

왜곡 26, 99, 100, 118

외현적 불안 82

외현화 장애 54

욕구좌절 36, 46

욕구좌절 인내성 53, 75, 95

용지회전 62, 64, 72, 77

우울 93, 115, 123, 132, 140, 143,
    191, 195

우울증 20, 236

우유부단성 강박적 의심 74

운동 212

운동 불협응 237

운동검사 204, 207, 211, 220, 221,
    226, 231

운동협응능력 51

원 대신 대시 48, 51, 59, 132

원점수 63, 73, 74, 75, 217, 225, 226,
    227, 229, 230, 248, 256

웩슬러 지능검사 19

위축 115

위축감 55, 56

위축성 73

위험한 표시 61

유사성 24

유층 무선 표집 203

의존 욕구 188, 190, 196

의존성 156

이탈 26, 50, 61, 99, 100, 118

인물화검사 19

인생선 87

인성 48

인성 역동 99, 101

인성구조 110

인성기능 20, 27, 99, 118, 131, 208

인성평가 20, 119, 141, 144

인지양식 110

인출 209

임상도구 27

임상장면 18, 19, 20

임상적 가치 204

임상적 연구 230

임상적 유용성 206

임상적 의미 63, 72, 172

임상적 중요성 118, 119

임상적 진단 17

임상적 진단도구 27

임상적 해석 48, 59, 61, 85, 99

ㅈ

자극도형 35, 37, 39

자기보고식 검사 18

자기비판적 태도 84

자기주장 134, 186, 189, 192

자기충동 181

자기평가 155

자기표현 115, 133, 176, 189, 196, 199

자기표현의 억제 190

자발적 논평 144

자발적 정교화 59, 60, 83

자발적 행동 109

자아강도 27

자아개념 155, 177

자아기능 17, 71, 78

자아욕구 133

자아의 약화 23

자아충동 189, 192

자아통제 71, 83, 84

자아통합 78, 149

자유연상 101, 157, 174, 192, 198

자유연상단계 101, 103, 157

자율적 변화 144

자폐 스펙트럼 장애 209, 244

잠정적 결론 109, 192, 196, 199

재묘사 62, 64, 84

적대감 89, 93, 129, 137, 138, 142, 146, 148, 179, 192

절망감 140

점 대신 대시의 사용 133

점 대신 원의 사용 118, 119, 130, 131, 133, 141

접근성 24

정교화 62, 64, 81, 82, 115, 236

정서 박탈 140

정서문제 46, 48, 52, 240

정서장애 68, 237

정서적 미성숙 23

정서적 부적응 46, 70

정서적 분위기 141

정서적 장벽 122

정서적 태도 48, 51

정서적 퇴행 88

정서적 혼란 51, 75, 93

정서지표 45, 48, 59, 83, 121, 240, 244

정서지표 기록지 241, 249

정신건강 전문가 85

정신병 환자 81

정신병리 18, 27, 42, 61, 69

정신병리척도 45, 61, 62, 63, 64

정신분석이론 63

정신분열증 236

정신신경증 20

정신역동이론 18

정신운동 속도 41

정신적 혼란 49, 114

정신증 86, 92

조작적 정의 65

조잡 81

조직 63

조직능력 35

조현병 20, 22, 79, 80, 84, 86, 92, 93,
  95, 114

종합채점법 207, 208, 209, 225, 229,
  231

죄책감 183

주식회사아딘스 211, 226

주의력결핍 과잉행동장애 209, 240,
  244

주제통각검사 19

중복곤란 62, 64, 81, 237

중재 프로그램 242, 243

중첩 62, 64, 70, 71, 72, 73, 138, 191,
  237

중첩경향 70, 71, 72, 236, 237

지각 212

지각검사 204, 207, 211, 222, 224, 226, 227, 231

지각문제 46

지각-운동 기능 20

지각적 결함 43

지각적 회전 62, 64, 72, 77, 236

지능평가 20

지시사항 220, 222, 247

지적장애 20, 40, 77, 209, 232, 236, 240, 244

지필검사 18

직업치료사 242

질적 관찰 229

질적 분석 100

질적 접근 99, 101

집단 간 비교 230

집단실시 33, 246

징후 61, 63

ㅊ

창의성 42

채점 요강 63

채점기준표 63

채점자 간 신뢰도 209, 244

척도가 63, 64

첨가해서 그림 그리기 59, 60

체크리스트 42

초자아 183

최초반응시간 104, 157, 158, 179, 182, 183, 193, 194

추상능력 80

충동 통제 114, 149, 191

충동성 52, 57, 58, 59, 71, 76, 114,

118, 123, 130, 132, 199, 232
충동적 행동화 142
충동통제력 87, 88
친밀감 34
친화감 34, 40, 102, 145

ㅋ
크기의 점증 48, 52, 59, 236
크론바흐의 알파 244

ㅌ
타당도 209, 210, 243
타당성 20
탐색 105, 106, 157, 196, 198
통계적 분석 230
통합 오류 145, 146
통합능력 80

통합운동장애 241
퇴영 62, 64, 78, 79, 236, 237
퇴행 68, 77, 119, 141, 208
퇴행 현상 23
투사 18, 23, 106, 120, 126
투사법 20, 34
투사적 가정 144, 157
투사적 검사 17, 18, 19, 208
투사적 도구 27
투사적 의미 138, 142
투사적 중요성 139
투사적 지표 182
투사적 평가 157
투사적 해석 61, 85, 157, 158, 159,
160, 161, 162, 163, 164, 165, 166,
167, 168, 169, 170, 190

ㅍ

파선 48, 50, 59

편집증 91

평균 230, 248, 256

평평함 119, 120, 127, 140, 190

폐쇄곤란 62, 64, 73, 74, 236, 237

폐쇄성 24

포부 수준 115

포섭 206

폭발성 53

표본 205

표준점수 217, 225, 229, 230, 231, 240, 248, 256, 257

표준편차 230, 248, 256

표준화 203, 206

표준화 검사 239

품행장애 114

프로토콜 109, 110, 111, 112, 113, 114, 116, 117, 150, 151, 186, 187, 244

필압 33

ㅎ

학습문제 48

학습장애 20, 208, 209, 240, 244

학습준비도 242

학지사 인싸이트 211

한계음미 절차 103

해리 89

해석 체계법 45

해석상담 44, 150

해석적 가정 109, 125, 150

해석체계 85

행동관찰 39, 40, 42, 43, 44, 101,

206, 218
행동목록 212
행동화 54, 57, 59, 88, 93, 118, 123,
    130, 131, 132, 133, 135, 143, 146,
    149, 199
허위반응 18, 19
현상적 자기 147
현실검증기능 84
형태심리학 22, 23, 24, 26, 27
형태심리학적 법칙 28
형태의 변화 63
형태의 왜곡 63, 119, 134, 139
형태적 분석법 234
호기심 42
확산 48, 58, 118
활동성 편집증 70

회상단계 38, 206, 204, 209, 211,
    219, 220, 225, 229, 230, 231
회전 35
흥미 52
흥분성 조현병 68

B

BGT 카드 33, 36
BGT의 도형 30, 40, 103, 120, 150,
    186, 196, 205

P

PRO-ED 출판사 226, 249

T

T점수 217, 225

저자 소개

정종진(Jeong Jongjin)

현재 대구교육대학교 교육학과 명예교수이다. 뉴질랜드 크라이스트
처치교육대학 연구교수, 호주 퀸즐랜드대학교 객원교수, 한국초등
상담교육학회 회장, 한국교육심리학회 부회장 등을 역임하였다. 심
리상담전문가, 학습상담전문가, 수련감독 교류분석상담사, 학교상
담전문가 슈퍼바이저, 인성교육강사, 명강의명강사 등의 자격을 갖
고 있으며, 여러 학술단체의 임원을 맡아 활동하고 있다. 저 · 역서
로는 『상담의 이론과 실제』(2판, 공저, 학지사, 2016), 『상담학 사전』
(1~5권, 공저, 학지사, 2016), 『교육장면에서 그릿 키우기』(역, 학지
사, 2019), 『잠 못 드는 밤에 읽는 인지행동이야기』(저, 한언, 2021),
『내 마음 심리학 실험실』(저, 시그마북스, 2022) 외 다수가 있다.

BGT의 이해와 활용(2판)

Understanding and Use of the Bender-Gestalt Test (2nd ed.)

2021년 9월 20일 1판 1쇄 발행
2022년 5월 30일 1판 2쇄 발행

2023년 8월 10일 2판 1쇄 발행
2024년 3월 25일 2판 2쇄 발행

지은이 • 정 종 진
펴낸이 • 김 진 환
펴낸곳 • (주) **학지사**

04031 서울특별시 마포구 양화로 15길 20 마인드월드빌딩 5층

대표전화 • 02) 330-5114   팩스 • 02) 324-2345

등록번호 • 제313-2006-000265호

홈페이지 • http://www.hakjisa.co.kr
인스타그램 • https://www.instagram.com/hakjisabook

ISBN 978-89-997-2939-3 93180

정가 **17,000원**

출판미디어기업 **학지사**

간호보건의학출판 **학지사메디컬** www.hakjisamd.co.kr
심리검사연구소 **인싸이트** www.inpsyt.co.kr
학술논문서비스 **뉴논문** www.newnonmun.com
원격교육연수원 **카운피아** www.counpia.com
대학교재전자책플랫폼 **캠퍼스북** www.campusbook.co.kr